高等职业教育新形态一体化教材

U1010603

创新思维

主　编　覃　聪　罗琼玮　石思文
副主编　朱雪颖　梁佼佼　左家嘉
李显意

中国教育出版传媒集团
高等教育出版社·北京

内容简介

本书是广东省职业教育精品在线开放课、广东省就业创业特色示范课“商业创新思维”的配套教材，高等职业教育新形态一体化教材。

本书将党的二十大、二十届三中全会精神和课程思政理念贯穿始终。聚焦服务国家战略和新质生产力发展，通过创新思维养成性培养，强调引入前沿的创新理念、方法和商业模式，根据数字经济背景下对高职学生提出的创新思维和能力的新要求，以实用理论和科学案例引导学生投身自主创新创业活动，并通过实训实践环节，全面培养学生的创新精神与创新意识。

本书立足全方位服务师生，在内容设计上兼顾了高职学生特点和创新思维发展的需要，实现教学资源与教学内容的有效对接，做到“教、学、做”的融会贯通。在体例的编排上，本书融“情景、拓展、互动”为一体，打造师生互动的场景，提高学生学习兴趣及主动性，体现“以学生为中心”的理念。本书每个项目和任务均体现了“主体教材＋教学资源库”的一体化设计思路，主体教材内容涵盖了课中活动、实例分析、课后作业等内容。本书在职业教育数字化学习中心（“智慧职教”网站）建有在线开放课程，包括微课、动画、漫画、图片、视频等丰富的数字资源。此外，本书还配有教学 PPT、习题答案等配套教学资源。教师如需获取，请登录“高等教育出版社产品信息检索系统”（https://xuanshu.hep.com.cn/）进行下载。

本书既可作为高职院校创新创业教育的教材，还可作为社会青年创业者的参考用书。

图书在版编目（CIP）数据

创新思维 / 覃聪，罗琼玮，石思文主编. -- 北京 : 高等教育出版社，2025. 7. -- ISBN 978-7-04-064113-4

Ⅰ. B804.4

中国国家版本馆CIP数据核字第2025Z8F267号

Chuangxin Siwei

策划编辑　刘紫祎　陈　磊　　责任编辑　刘紫祎　陈　磊　　封面设计　赵　阳　　版式设计　马　云
责任绘图　马天驰　　责任校对　陈　杨　　责任印制　高　峰

出版发行　高等教育出版社
社　　址　北京市西城区德外大街4号
邮政编码　100120
印　　刷　北京新华印刷有限公司
开　　本　787 mm× 1092 mm　1/16
印　　张　11.5
字　　数　230 千字
购书热线　010-58581118
咨询电话　400-810-0598
网　　址　http://www.hep.edu.cn
　　　　　http://www.hep.com.cn
网上订购　http://www.hepmall.com.cn
　　　　　http://www.hepmall.com
　　　　　http://www.hepmall.cn
版　　次　2025 年 7 月第 1 版
印　　次　2025 年 7 月第 1 次印刷
定　　价　32.00 元

物 料 号　64113-00

“智慧职教”服务指南

“智慧职教”是由高等教育出版社建设和运营的职业教育数字教学资源共建共享平台和在线课程教学服务平台，智慧职教MOOC学院是由中华人民共和国教育部主导，以技能提升为目标的开放式在线课程平台。与教材配套课程相关的部分包括MOOC学院平台、职教云平台、App等。用户通过平台注册，登录即可使用该平台。

- **MOOC学院平台：为学习者提供本教材配套课程及资源的浏览服务。**

登录“智慧职教MOOC学院”平台，在首页搜索框中搜索“商业创新思维”，找到对应作者主持的课程，加入课程参加学习，即可浏览课程资源。

- **职教云平台：帮助任课教师对本教材配套课程进行引用、修改，再发布为个性化课程（SPOC）。**

1. 登录职教云平台，在首页单击“新增课程”按钮，根据提示设置要构建的个性化课程的基本信息。

2. 进入课程编辑页面设置教学班级后，在“教学管理”的“教学设计”中“导入”教材配套课程，可根据教学需要进行修改，再发布为个性化课程。

App：帮助任课教师和学生基于新构建的个性化课程开展线上线下混合式、智能化教与学。

1. 在应用市场搜索“智慧职教+”App，下载安装。

2. 登录App，任课教师指导学生加入个性化课程，并利用App提供的各类功能，开展课前、课中、课后的教学互动，构建智慧课堂。

前言

在快速迭代的商业环境中，创新已成为推动企业持续发展的核心引擎，无论是传统行业的转型升级，还是新兴产业的蓬勃兴起，都离不开创新思维的引领和驱动。面对全球经济的深刻变革，培养具备前瞻性和创造力的人才，不仅是适应市场需求的关键，更是推动社会进步的重要力量。高等职业院校作为人才培养的重要阵地，肩负着培养具有创新思维人才的使命，旨在为社会输送能够引领未来发展的新生力量。

党的二十大报告为青年一代的成长成才指明了方向，明确指出“当代中国青年生逢其时，施展才干的舞台无比广阔，实现梦想的前景无比光明”。在此背景下，“双创”教育作为高校人才培养的重要组成部分，不仅促进了高等职业教育与社会需求的深度融合，更向学生传递了勇于探索、敢于创新、不惧风险的“双创”精神。本教材深入贯彻党的二十大精神，特别是关于“必须坚持科技是第一生产力、人才是第一资源、创新是第一动力”的重要论述，以及实施科教兴国战略、人才强国战略、创新驱动发展战略的决策部署，致力于培养适应新时代要求的具备创新能力的高素质技能人才。

在创新驱动发展战略的引领下，新质生产力的不断涌现为创新提供了无限可能。本教材将党的二十大提出的“开辟发展新领域新赛道，不断塑造发展新动能新优势”与“实施就业优先战略”紧密结合，全面倡导新思维、新模式、新技术。我们深知，在快速变化的环境中，只有不断创新，才能保持竞争力，实现可持续发展。因此，本教材不仅注重传授创新的基本原理和方法，更强调培养学生的创新意识和创新能力，引导他们在新质生产力的浪潮中捕捉机遇、创造价值。

本教材具有以下显著特色：首先，通过全面而深入的理论阐述，帮助学生构建创新的知识体系；其次，结合丰富生动的案例分析，将理论知识与实践操作紧密结合，提升学生的实践能力；再次，引入大量前沿知识和最新成果，确保教材内容的时效性和先进性；最后，设计多种形式的思维训练和实践活动，激发学生的创新潜能，培养他们的团队协作能力。本书内容涵盖了创新的多个方面，从创新意识培养到思维障碍突破，从创新思维训练到创新能力提升，再到模式创新和创新成果保护等，旨在全方位提升学生的创新思维和创新能力。

全书由覃聪统编，项目一由罗琼玮负责，项目二由石思文负责，项目三由梁佼佼负责，项目四由朱雪颖负责，项目五由左家嘉负责，项目六由覃聪、李显意负责，李显意提供企业真实案例。

我们相信，本教材的出版将为高职学生的创新教育提供有力支撑。通过本教材的学习，学生将能够深刻理解创新思维的内涵和重要性，掌握创新思维的基本规律和方法论，为未来的职业生涯奠定坚实基础。同时，我们也期待通过这本教材的培养，能够涌现出更多具有商业创新思维和创新能力的优秀人才，为推动我国商业的繁荣和发展贡献智慧和力量。

最后，衷心感谢所有参与本书编写和审校工作的专家和学者们的辛勤付出和宝贵贡献，也期待广大读者对本书提出宝贵的意见和建议，共同推动教材的不断完善和发展。

编　者

2024 年 12 月

目录

项目一

点燃创新意识火花

学习目标

>> 知识目标

① 理解创新意识的概念及内涵。

② 理解数字经济下创新的趋势和特点。

>> 能力目标

① 掌握创新意识的应用。

② 掌握新形势下的创新能力。

>> 素质目标

① 培养创新的意识，树立勇于创新的精神。

② 培养诚实守信的职业道德。

导师寄语

了解创新思维的起源与发展，是同学们培养创新思维能力的基础。通过对创新的概念学习，鼓励同学们认识创新、勇于创新。党的二十大报告提出，必须坚持“创新是第一动力”“坚持创新在我国现代化建设全局中的核心地位”。把握发展的时与势，有效应对前进道路上的重大挑战，提高发展的安全性，都需要把发展基点放在创新上。只有坚持创新是第一动力，才能推动我国实现高质量发展，塑造我国国际合作和竞争新优势。为此，要让创新贯穿党和国家一切工作，让全面创新真正成为加快社会主义现代化建设、实现中华民族伟大复兴的强大动力。

学习地图

- 项目一　点燃创新意识火花
  - 任务1　走进创新新时代
    - 知识点1　数字经济下创新的特点与趋势
    - 知识点2　数字经济下创新创业形势与环境
  - 任务2　认识创新意识
    - 知识点1　创新意识的概念
    - 知识点2　创新意识的特征
    - 知识点3　创新意识的意义
  - 任务3　解析创新意识构成
    - 知识点1　创新兴趣
    - 知识点2　创新动机
    - 知识点3　创新情感
    - 知识点4　创新意志

任务 1 走进创新新时代

任务目的

① 能够根据数字经济的发展趋势，认识创新的特点。

② 能够掌握数字经济时代创新创业与环境。

【新知预览】认识互联网 + 时代下的创新

任务情境

李明，一名刚步入大学的新生，他对数字经济时代的创新充满好奇和热情。他希望深入了解数字经济时代的创新特点与趋势，掌握数字经济时代的创新创业政策与形势。

知识储备

西晋 · 陈寿《三国志 · 蜀书 · 诸葛亮传》南朝宋 · 裴松之注引《襄阳耆旧传》提到“识时务者为俊杰”。每逢时代变革，都会出现一些颠覆性的机遇，如今正兴起“数字经济”的浪潮，从大数据、云计算，再到人工智能、5G 通信，全民享受创新思维的洗礼，感受创业的激情，新的时代已经来临，别只顾着低头匆匆走路，是时候看清趋势，走上数字经济这条光明大道了！

习近平总书记指出，“当今时代，数字技术、数字经济是世界科技革命和产业变革的先机，是新一轮国际竞争重点领域，我们一定要抓住先机、抢占未来发展制高点”“发展数字经济意义重大，是把握新一轮科技革命和产业变革新机遇的战略选择”。数字经济以信息通信技术为核心推动力，能够加速生产要素流动，提升市场配置效率，驱动传统产业转型升级，推动生产方式变革，是实现高质量发展的重要驱动力量。

— 知识点 1　数字经济下创新的特点与趋势 —

1. 数字经济下时代发展趋势

数字经济是一个内涵比较宽泛的概念，凡是直接或间接利用数据来引导资源发挥作用、推动生产力发展的经济形态都可以纳入其范畴。在技术层面，包括大数据、云计算、物联网、区块链、人工智能、5G 通信等新兴技术；在应用层面，“新零售”“新制造”等都是其典型代表。

为了全面反映我国数字经济核心产业发展状况，国家统计局根据《数字经济及其核心产业统计分类（2021）》，利用第五次全国经济普查结果，核算了全国数字经济核心产业增加值。经核算，2023 年我国数字经济核心产业增加值为 127 555 亿元，占 GDP 的比重为 9.9%。从数字经济核心产业内部构成看，数字技术应用业增加值为 55 636 亿元，占数字经济核心产业的比重最高，为 43.6%；数字产品制造业增加值为 43 135 亿元，所占比重为 33.8%；数字要素驱动业增加值为 24 747 亿元，所占比重为 19.4%；数字产品服务业增加值为 4 037 亿元，所占比重为 3.2%。

数字经济与新质生产力的高科技、高效能、高质量特征相契合，是加快发展新质生产力的关键领域和重要引擎。过去十年，我国数字经济取得了举世瞩目的发展成就，数字经济在国民经济中的地位日益凸显，以数字技术为支撑的产业成为我国目前经济发展的重要增长点。而在未来，我国的数字经济也将迎来一个风险与机遇并存的新发展阶段。党的二十大报告强调：“加快发展数字经济，促进数字经济和实体经济深度融合，打造具有国际竞争力的数字产业集群”，为未来我国数字经济指明了发展方向。

2. 数字经济时代产业创新的具体特征

创新在不同时代呈现不同特点，当前，创新进入新的时期，一个显著特征是数据数量和关系重新定义创新链条上各方的交互方式，各种创新力量的地位作用重新分化组合。

（1）双驱型创新源泉

进入数字时代，宏观社会运行和微观主体活动都以数字化形式呈现，数据关系的复杂性急剧增加，变量之间更易表现出非线性、时变性和非平稳性特征，以因果律为基础的理论模型方法在刻画和理解复杂现象的结构特性、交互关系以及演化行为等方面遇到前所未有的挑战。

从创新源泉角度看，超过 60 年的人工智能发展历史可大致以 2010 年为界分为两个阶段。2010 年以前，人工智能的前沿研究成果主要由理论逻辑能力驱动，而在此后，数据洞察能力成为人工智能创新发展的核心推动力。

在可预测的未来，数据洞察能力和理论逻辑能力交互耦合的双轮驱动依然重要，但每个阶段前期理论积累带来的突破点不同，当前正是需要加快利用数据带来创新突破的关键时期。

（2）规模型创新主体

从创新角度看，由于存在规模涌现规则，先行大企业在创新链条中的地位大幅提升，位势不断增强。大型数字平台连接上亿消费者和百万级、千万级生产者，实时生产和汇聚海量数据，在强大的算力和算法支持下，具备自动提取经验数据特征和规律并进行推理决策的能力，能够准确感知并捕捉创新资源维度和交易资源维度下的市场需求及变化趋势。

同时，研发结果可以直接应用于海量用户，用户使用反馈也能快速传递给研发团队，持续的数据交互使研发方向能够根据环境变化进行灵活调整，更好地优化相关服务。

大型平台的优势还来自数据交互形成研发簇群，平台大场景运作、跨产业运营、多领域并进，能够汇聚各创新主体之间的场景化数据，并基于大规模的算法能力打造创新知识生态，增强具象场域中研发成果和终端产品的良性交互，极大促进创新发展。

（3）开放型创新组织

随着数据成为重要创新要素，任何一个创新组织链接数据越多、更新越快、交互越强，其创新能力就越强。因此，能够最大程度获得数据、挖掘数据深度和广度、增强数据交互和共享的开放式产业组织成为重要的创新组织形态。

开放型组织以“自由、开放、合作、共享”为理念，以海量数据汇聚和处理为手段，推动大规模科学项目研究。数字时代，数据汇聚和交互能力成为驱动创新的重要引擎，任何主体具备的数据资源、专业知识都可能成为创新起点，也可能链接到创新链条中，与其他主体的数据交互还可能带来新增的知识或发展，因而边界开放对于创新的意义比以往任何时期都重要。从数据角度看，开放型组织能够获取多样化的互补数据资源，包括市场需求数据、技术开发数据、行业发展数据等，提升创新能力。从主体角度看，开放型组织可以广泛连接用户、供应商、技术服务商等，提供了创新汇聚的枢纽，通过数据交互激发组织创新活力，形成多元主体驱动的创新模式。未来可能会有多种形态的开放组织出现，但有竞争力的组织形态必然与其数据汇聚和交互能力匹配。

（4）公共价值型创新伦理

区别于以往传统技术革新带来的伦理问题，数字时代的科技伦理生发于创新过程本身，数据、数据关系成为科技发展方向的重要引导，以介入社会基础运行的方式彻底重塑人的主体性与独特性，导致自然秩序和社会关系的多元改变。数据驱动下的社会发展趋向、数字平台成为新型社会基础设施带来的变革，以及创新效率提升中的垄断等都成为新的难题与挑战。

公众知情与参与十分重要。公民对相关科技发展趋向应具有平等的知情权和发言权，开源开放的创新特征也正与这一挑战形成呼应。与民众重要权益相关的数据，应秉持以开放为原则的价值理念，最大限度保障公众利益和社会福利。总之，在数据与数据关系驱动的科技创新范式中，透明公开是首要的伦理遵循，以保障科技发展促进人类文明进步与福祉增进。

近些年来，创新范式越来越强调“负责任”的维度以应对这些风险，国内外提出的诸多新兴科技治理理念，如“建构性技术评估”“预期性治理”等，更多标志着伦理维度的深度嵌入。确保科技进步不仅仅追求经济效益，更重要的是要在尊重人类价值观、社会规范和环境保护的前提下开展创新。

在数字时代，由于对数据和应用场景的巨大需求，开源开放有可能成为非头部企业发展的内在诉求。但由于先行者的优势更加突出，需要加大对开源开放的鼓励和引导，使之成为企业社会责任的标识和追求，成为社会认同的创新文化，以约束头部大型平台企业的垄断风险，提升创新效率，促进创新收益的公平分享。

实例分析 1-1

京东云丰收节为数字乡村添“智”提“质”

金秋时节，稻花香里说丰年，全国数字乡村“新样板”纷至沓来。用物联网监控作物生长、溯源技术发放“身份证”、一根网线让农产品走出大山……首届“京东农特产品购物节”期间，京东云技术支持的京东科技联动 90 座城市、6 000 多家京东数字经济产业园入园企业，将数智供应链与十余条特色产业带、80 个国家地理标志农产品相结合，收获“一盘菜、一颗果、一罐茶、一口粮、一瓶醋”……为千家万户送去 10 万余种乡村“源头好物”。

江苏省南通市如东县，曾被中国烹饪协会授予“中国海鲜之乡”称号，条斑紫菜更是闻名全国。但由于条斑紫菜的生产工艺较为原始、产品质量难保障、销售渠道不畅，市场一度难以打开。

2021 年，京东科技为如东县打造国家级电子商务进农村示范项目，提供电商实用技能培训、视频制作、网销策划指导、主流电商平台对接等多种公共服务，加速紫菜生产企业数字化转型。2022 年 1–8 月，如东县电商 GMV 商品品类交易总额同比增长 55.7%，京东 618 期间中国特产如东馆紫菜销售额超 20 万元。同时，京东科技通过大数据平台、溯源服务为紫菜加工企业实现紫菜采苗、养殖、鲜紫菜检验、干紫菜生产、成品检验等全流程跟踪；还积极对接京东特产馆、京东直播等业务渠道，擦亮如东“中国条斑紫菜第一县”招牌。

在数字乡村建设中，数智技术正在成为“新农具”，大数据正在变成“新农资”。作为“技术特长生”，京东科技也将持续帮助乡村完善供应链、延伸产业链、提升价值链，不断推动传统农业降本增效，实现农业更强、农村更美、农民更富的美好愿景。

（资料来源：从田间到餐桌全链条助力，京东云丰收节为数字乡村添“智”提“质”. 央广网，2022. 选取时有删改）

思考：京东利用“数字经济”为乡村产业的创新助力体现在哪些方面？

— 知识点 2　数字经济下创新创业形势与环境 —

党的二十大报告指出，加快实施创新驱动发展战略。坚持面向世界科技前沿、面向经济主战场、面向国家重大需求、面向人民生命健康，加快实现高水平科技自立自强。以国家战略需求为导向，集聚力量进行原创性引领性科技攻关，坚决打赢关键核心技术攻坚战。数字经济作为科技创新的重要载体和经济高质量发展的新引擎，正在引领新一轮科技革命和产业变革。将数字经济提升到国家战略层面，对于我国抢抓新一轮科技革命和产业变革机遇、加快建设现代化经济体系、促进经济高质量发展具有十分重要的意义。要准确把握数字经济发展大势，充分发挥数字经济对经济高质量发展的赋能作用，加快建设数字中国，在全球数字经济竞争中赢得新优势。

1. 数字时代下大学生“双创”环境

深化“大众创业、万众创新”（以下简称“双创”）是实施创新驱动发展战略的关键举措，作为创新创业核心力量的高校学生群体，其创新创业能力的培育具有重要战略意义。近年来，伴随创新创业热潮的持续升温，大批青年学子积极投身实践探索，但在推进过程中仍面临诸多问题。为激发青年学子创新热情，《国务院办公厅关于进一步支持大学生创新创业的指导意见》（国办发〔2021〕35 号）提出了以下意见。

（1）提升大学生创新创业能力

将创新创业教育贯穿人才培养全过程。增强大学生的创新精神、创业意识和创新创业能力，建立以创新创业为导向的新型人才培养模式。

提升教师创新创业教育教学能力。强化高校教师创新创业教育教学能力和素养培训，改革教学方法和考核方式，推动教师把国际前沿学术发展、最新研究成果和实践经验融入课堂教学。完善高校双创指导教师到行业企业挂职锻炼的保障激励政策，实施高校双创校外导师专项人才计划。

加强大学生创新创业培训。打造一批高校创新创业培训活动品牌，创新培训模式，组织双创导师深入校园举办创业大讲堂，进行创业政策解读、经验分享、实践指导等。支持各类创新创业大赛对大学生创业者给予倾斜。

（2）优化大学生创新创业环境

降低大学生创新创业门槛。持续提升企业开办服务能力，降低大学生创新创业团队入驻产业孵化园区条件。政府投资开发的孵化器等创业载体应安排 30% 左右的场地，免费提供给高校毕业生。有条件的地方可对高校毕业生到孵化器创业给予租金补贴。

便利化服务大学生创新创业。完善科技创新资源开放共享平台，强化对大学生的技术创新服务。鼓励国有大中型企业面向高校和大学生发布技术创新需求，开展“揭榜挂帅”。

落实大学生创新创业保障政策。加大对创业失败大学生的扶持力度，按规定提供就业服务、就业援助和社会救助。

（3）加强大学生创新创业服务平台建设

建强高校创新创业实践平台。充分发挥大学科技园、大学生创业园、大学生创客空间等校内创新创业实践平台作用，面向在校大学生免费开放，开展专业化孵化服务。

提升大众创业万众创新示范基地带动作用。为大学生建设集研发、孵化、投资等于一体的创业创新培育中心、互联网双创平台、孵化器和科技产业园区。

（4）推动落实大学生创新创业财税扶持政策

继续加大对高校创新创业教育的支持力度，在现有基础上，加大大学生创新创业教育发展资金支持力度。落实落细减税降费政策，做好纳税服务，建立对接机制，强化精准支持。

（5）加强对大学生创新创业的金融政策支持

落实普惠金融政策。鼓励金融机构按照市场化、商业可持续原则对大学生创业项目提供金融服务，解决大学生创业融资难题。鼓励和引导金融机构加快产品和服务创新，为符合条件的大学生创业项目提供金融服务。

引导社会资本支持大学生创新创业。引导创新创业平台投资基金和社会资本参与大学生创业项目早期投资与投智，助力大学生创新创业项目健康成长。

（6）促进大学生创新创业成果转化

完善成果转化机制。研究设立大学生创新创业成果转化服务机构，建立相关成果与行业产业对接长效机制，促进大学生创新创业成果在有关行业企业推广应用。

强化成果转化服务。推动地方、企业和大学生创新创业团队加强合作对接，拓宽成果转化渠道，为创新成果转化和创业项目落地提供帮助。

（7）办好中国国际“互联网＋”大学生创新创业大赛（现更名为“中国国际大学生创新大赛”）

完善大赛可持续发展机制。充分利用市场化方式，研究推动中央企业、社会资本发起成立中国国际“互联网＋”大学生创新创业大赛项目专项发展基金。打造创新创业大赛品牌。强化大赛创新创业教育实践平台作用，鼓励各学段学生积极参赛。

（8）加强大学生创新创业信息服务

建立大学生创新创业信息服务平台。为大学生精准推送行业和市场动向等信息，加强对创新创业大学生和项目的跟踪、服务，畅通供需对接渠道，支持各地积极举办大学生创新创业项目需求与投融资对接会。

加强宣传引导。形成支持大学生创新创业的社会氛围，做好政策宣传宣讲，推动大学生用足用好税费减免、企业登记等支持政策。

2.“双创”背景下大学生创新素质存在的问题

（1）创新意识淡薄

大学生普遍存在创新意识薄弱，自我的内在需求低，对创新有一定的认识，但是认识比较狭隘，没有认识到创新素质的重要性等问题。面对问题时，缺乏探索的精神，缺乏自信心，不会利用现有的条件和机会，不会整合身边的资源。

（2）创新思维不活跃

目前，许多院校陆续开展创新思维这门课程。但由于长期接受应试教育，许多高校学生普遍存在想象力一般，创新思维不活跃，缺乏逆向思维的能力的问题。一方面，他们知识面较窄，缺乏自主思维。其主要获取课外知识是通过互联网，但互联网改变了生活却绑架了学生，互联网使得学生沉迷于碎片化信息，不能集中精力思考。另一方面，他们欠缺创新型思维。许多高职院校比较重视理论学习，学科知识相对本科比较片面，导致学生缺乏对行业前沿知识的了解，不利于创新思维的发展。

（3）大学生创新能力较弱

这种现象同样源于高中课程以教师讲授为主，教学方法单一、枯燥，缺乏创新思维课程，忽视了对学生创新能力和操作能力的培养。因此，学生虽然具有创新的灵感，但由于缺乏创新能力的训练，限制了他们的创新能力的发展。

总而言之，大学生在数字经济和“大众创业，万众创新”的时代背景下，应该好好把握国家、政府与社会所赋予的良好创新生态环境。为祖国以及自身创造更好的未来。“少年强，则国家强”，建设“创新型国家”的历史任务刻不容缓。

实例分析 1-2

杨泽霖：年轻就无畏选择

2015 年，当杨泽霖第一次接触到深度学习算法时，就敏锐地认识到这将成为一种革命性技术，而图像识别将成为深度学习算法的第一个发力点。经过多方调研，21 岁的杨泽霖同几个志同道合的伙伴，开始了他们的创业之路——将深度学习技术带入工业图像识别领域，服务传统行业。

2017 年禾思众成继续进军计算机视觉行业，而此时基于深度学习算法的计算机视觉解决方案，诸如 Face^{++}、商汤科技、依图等知名公司都有涉及此领域。因此，要打入这个市场，就要对商业模式进行彻底的颠覆。

禾思众成选择另辟蹊径，更加专注于人工智能技术在移动设备上的兼容性、并行运算效率上的优化，让轻量级可迁移的算法可以快速运行在 ARM 架构[①]的中央处理器（Central Processing Unit，CPU）上。针对大众化的长尾市场，如这些小区门禁的人脸识别、幼儿园接送家长的人脸识别、宿舍的人脸识别考勤场景，禾思众成提出了“云端”的解决方案。

---

① ARM 架构：ARM 架构是一种 32 位精简指令集中央处理器架构，广泛用于嵌入式系统设计。

以人脸识别举例，识别到人脸进行本地边缘计算，与底层数据库比对通过后向闸机、门禁发送信号，同时上传结构化的数据到云端，用于管理和统计。探索别人未曾参与的领域，走别人从未走过的路，成为禾思众成在竞争激烈的人工智能领域中占有一席之地的法宝。

米其林轮胎曾深为抄写特征码而苦恼。禾思众成为其提供了一个方案：直接对轮胎进行一次扫描就可以将特征码识别出来，并且和后台系统进行联动、管理。该方案采集了 50 万张轮胎照片，训练机器识别各种各样情况下的特征码，将视觉精度一下子提高到 99.7%。

"因为年轻，所以有更多的选择，所以无畏选择。"杨泽霖说，自己选择创业就像别的大学生选择就业一样，都是一种选择，都是为了在实现自我价值的基础上回馈社会。我们常说，一个人走得快，但是一群人走得远。杨泽霖正和他的伙伴们一道，在创业这条路上积极进取、奋力拼搏，努力在人工智能领域"发挥更大的价值"。

（资料来源：弄潮新时代创新创业行——大学生创业英雄十强事迹 . 中国青年报 [J]. 北京：中国青年报社 . 2018）

思考：结合案例和自身情况，你认为学校应该如何利用实训室等优势教学资源鼓励学生开展自主创新活动？

技能训练

【训练说明】

以小组为单位，对本校进行简单的调研，分析学校有什么优势特色资源或者创新研究成果有利于大学生进行创新创业，并且写出特色资源或创新研究成果的调研报告。

【训练实施】

根据调研目标完成调研计划（表 1–1）。

表 1–1　调 研 计 划

调研要点	计划描述
调研对象	
调研方法 / 工具	
调研时间	
调研样本数量	

步骤一：设计调研问卷。

[基础任务] 根据调研计划，设计调研问卷。

步骤二：进行调研并收集数据。

步骤三：分析调研数据并得出结论。

[基础任务] 根据调研数据，分析学校现有特色资源或创新研究成果，并得出结论。

任务小结

① 数字经济：凡是直接或间接利用数据来引导资源发挥作用、推动生产力发展的经济形态都可以纳入数字经济的范畴。在技术层面，包括大数据、云计算、物联网、区块链、人工智能、5G 通信等新兴技术；在应用层面，“新零售”“新制造”等都是其典型代表。

② 数字经济时代的创新特征：一是双驱型创新源泉；二是规模型创新主体；三是开放型创新组织；四是公共价值型创新伦理。

③ “双创”背景大学生创新素质存在的问题：一是创新意识淡薄；二是创新思维不活跃；三是创新能力较弱。同时，创新往往需要团队合作，但部分大学生在团队协作方面可能存在问题。

任务 2 认识创新意识

任务目的

【新知预览】了解创新意识

① 能够根据创新意识的概念与特征认识，激发创新精神。

② 能根据创新意识的构成，坚定创新意志。

任务情境

随着市场竞争的加剧和技术的不断进步，传统制造公司卓越制作集团的高层意识到创新是突破公司发展瓶颈的关键。因此，他们决定招聘一批富有创新意识的大学生，以激发公司创新活力，推动公司可持续发展。

知识储备

创新意识是看不见、摸不着，但又真实存在的一种潜在思维路径，激发创新意识是提高创新能力的必修课，也是培养创新思维的第一级台阶。

—— 知识点 1 创新意识的概念 ——

创新意识是一种对现实的敏锐观察和思考能力，它能帮助人们发现问题，并主动寻找解决办法。创新意识是人们对创新与创新的价值性、重要性的一种认识水平，以及由此形成的对待创新的态度，是一种指导创新活动的整体的精神态势。

人们根据对创新的认识和生产生活的需要，引起创造新事物的观念和动机，并在创造活动中表现出意向、兴趣、愿望等。创新意识是一种思想观念和主观欲望，是唤醒和发挥人的创新潜能的前提。不仅是科学家等人群需要创新意识，每个人都需要创新意识，从而更好地解决问题，同时更大程度地实现自我价值和社会价值。它是人类意识活动的一种积极的、富有成果性的表现形式，是人们进行创造活动的出发点和内在动力，是创造性思维和创造力的前提。简而言之，创新意识是树立问题的意识，有了创新意识，我们才会对每个习以为常的场景与事物有热情去主动的思考。

美国著名社会心理学家马斯洛把创造性分为“特殊才能的创造性”和“自我实现的创造性”。“特殊才能的创造性”是指在某个领域有独特才华的人，如科学家、发明家、艺术家等所表现出来的创造性；而“自我实现的创造性”是指追求创新，实现人的价值，这是人人都具有的创造潜力。因此，我们要增强创新意识，认识到自身有创新的可能，从而进一步提升创新能力，取得创新成果。

实例分析 1–3

百 担 有 余

相传鬼谷子是中国古代著名军事家孙膑的老师，鬼谷子的教学方法独特，在教学中善于培养学生的创新意识。例如，有一次鬼谷子想要通过一个小考验来激发弟子们的创新意识，便给了孙膑和庞涓每人一把斧头，让他们上山砍柴。当然，这个砍柴的任务还有一些限制条件，首先要求木柴燃烧时无烟，其次要求超过一百担，并设定 10 天后为完工期限。收到来自老师的任务，两位学生都十分认真地对待，但是两人的行为却截然不同。其中，庞涓立刻开始砍柴任务，每天不停地砍柴，而孙膑则是经过深思熟虑，选择了一些榆木，放进一个小门、大肚子的洞穴里，烧成木炭，然后用柏树的树枝把榆树烧制而成的木炭带回鬼谷洞。十天后，鬼谷子点燃了庞涓辛苦砍来的木柴，虽然火势很大，但还是冒出了一股浓烟。然后鬼谷子又点燃了孙膑的木炭，不仅火势强劲，而且无烟。孙膑“百（柏）担有余（榆）”的做法正是鬼谷子所希望的。孙膑的成功源于他的创新意识，他没有直接对鬼谷子提出的问题采取行动，而是用自己的创新意识把问题转化为思考，通过思考创造性地解决了难题。

思考：孙膑的做法能够让鬼谷子满意的原因是什么？

—— 知识点 2　创新意识的特征 ——

1. 求变性

创新意识是一种不安于现状的精益求精的意识，是一种面对未知问题而不无动于衷的尝试冲动，是不断探索、求新求异的兴趣和欲望。总之，创新意识是与墨守成规相对立的，是创造美好的新生事物的必要条件。

2. 先决性

如果说创新是一种从思想到实践的变化过程，那么创新意识就是思想的起点，是人们进行创新活动的出发点。所以，创新意识是开展创造活动的先决条件，也是开发创新思维和创新能力的起点。很难想象，一个没有创新意识的人会持续开展创新活动，取得创造性成果。所以，培养创新能力首先要从培养创新意识着手。

3. 整体性

创新意识具有整体性。创新意识的整体性体现在对创新活动的全面、系统地考虑上，包括综合分析能力、系统优化思维和长远规划能力等方面。这种整体性思维对于提升创新效率、增强创新效果和促进可持续发展具有重要意义。

4. 可塑性

创新意识是可以被塑造的。创新意识需要在生活和学习中逐步建立和发展，它可以通过学习和实践加以激发，也可以通过培养和锻炼加以巩固。大学生要充满好奇心、求知欲，力求掌握更多知识及其原理，深入探索未知的事物和新方法。同时要有质疑精神，保持思维的独立性和求真性。树立远大抱负和工作责任感，也是创新意识成形的催化剂。

知识点 3 创新意识的意义

1. 创新意识是决定创新能力最直接的精神力量

创新意识推动社会生产力的发展。科学的本质就是创新，科学技术的每一次进步都是通过创新实现的。科学技术的迅猛发展对人类社会各个方面都产生了深刻而广泛的影响。创新更新了人们的生产工具和生产技术，提高了劳动者的素质，拓展了更广泛的劳动对象范畴，推动了社会生产力的发展。

2. 创新意识是创新发展需要的基本社会条件

创新意识植根于社会生产方式，它的形成和发展必然推动社会生产方式的进步，从而带动经济的飞速发展，促成上层建筑的变革。创新意识进一步推动人的思想解放，有利于人们形成开拓意识、领先意识等先进观念。创新意识会促进社会政治向更加民主的方向发展，这是创新发展需要的基本社会条件。这些条件反过来又促进创新意识的扩展，更有利于创新活动的开展。

3. 创新意识是提升人本质力量的动力源

创新实质上确定了一种新的人才标准，它代表人才素质变化的性质和方向，它输出一种重要的信息：社会需要充满生机和活力的人、有开拓精神的人、有道德素质和现代科学文化素质的人。创新意识还能够促成人才素质结构的变化。因为创新意识使人有追求新异事物和真知灼见的强烈欲望，不满现状，敢于大胆质疑、标新立异。正因为有了创新意识，才会有发现创新可能性的慧眼，为创新做好充分的前期知识准备，并且实施创新活动。另外，创新意识是个体进行相关创新活动的内在指导力量，如创新过程中面临的路线选择、信息搜集、价值判断等，而且由于创新过程中会遇到很多困难和不良情绪等，创新意识会通过动机、情感和意志等对创新实践进行调控，让创新向着目标前进。因此，创新意识客观上引导人们朝这个目标提高自己的素质，使人的本质力量在更高的层次上得以确证。它激发人的主体性、能动性、创造性的进步发挥，从而使人自身的内涵获得极大丰富和扩展。

技能训练

【训练说明】

以小组为单位，每组 3~5 人，小组成员合作应用多种思维形式进行内容创作。教师事先准备写有相关词条的卡片，由小组代表抽取卡片，并基于卡片词组进行内容创作，完成后选拔小组代表上台汇报，其他同学对每个小组表现进行评分。该训练旨在提高同学们运用创新思维的能力及团队合作、勇于思考的能力。

【训练实施】

步骤一：抽取关键词卡片。

关 键 词

步骤二：小组合作完成文案内容创作。

创作过程及成果

步骤三：分享成果并进行评比，填入表 1-2。

表 1-2　评　分　表

小组名称	抽取到的关键词	分数	备注

任务小结

① 创新意识：代表着个体或群体对创新及其所蕴含的价值与重要性的深刻认知。这种认知不仅塑造了人们对创新所持有的态度，更在无形中构建了一种引领创新活动的整体精神风貌，为创新的实践提供了坚实的思想基础与内在动力。

② 创新意识的意义：作为国家与民族创新能力的核心驱动力，直接塑造着其精神风貌。创新意识不仅催化着社会各领域的深刻变革，引领着社会的全面进步；同时，它也推动着人才素质结构的优化升级，进而提升人的内在力量与潜能。

任务 3 解析创新意识构成

任务目的

① 能够了解创新意识构成的要素。

② 能够提升创新意志。

【新知预览】解析创新意识的构成

任务情境

创新意识被科技公司“智慧源”视为公司文化的核心。然而，近期公司内部发现，尽管员工普遍认同创新的重要性，真正的创新项目却并不多见。为了解决这一问题，公司希望能邀请同学们帮助公司员工深入解析创新意识的构成，并找到提升员工创新能力的有效方法。

知识储备

创新意识是一种潜在思维路径，意识的深度和广度，决定了不一样的思维路径。人们按照对于创新意识的认识或理解的深浅度将创新意识划分为四个层次或路径，第一个层次是创新兴趣，其次是创新动机，再次是创新情感，最高层次为创新意志。从字面意思上可以判断，创新兴趣是学习创新思维课程的最基本的层次，通过不断的兴趣积累与失败的挫折及反复的磨炼，才能达到最高层次创新意志，有了创新意志才能够真正地成为一个创新者，而不受外界因素的干扰。

—— 知识点 1　创新兴趣 ——

1. 创新兴趣的内涵

兴趣是人们力求探究某种事物和从事某项活动的意识倾向。它表现为人们对某件事、某项活动积极的态度和情绪反应，并促使人对感兴趣的事物给予优先的注意。创新兴趣则是对挑战陈规、创造新事物、提出新方法等感兴趣，热衷于从事创新活动。创新对象的奥秘对人有巨大的吸引力，创新的结果给人以希望，创新本身就是一种能强烈引起兴趣的刺激物。拥有创新兴趣的人，更能全神贯注、积极热情地调动一切潜能进行创新实践，更易于发现问题，探索未知领域，并且感到轻松愉快，不知疲倦地钻研。

创新兴趣往往与好奇心、求知欲联系在一起，这是人的天性，有的人将这种天性抑制和闲置，而有的人将这种天性保持和发扬。好奇心是对某事感到疑惑，力图弄明白事物的真相的心理倾向。许多有创新成就的人，不仅对新鲜事物感到新奇，还会对虽为人所共知但自己尚不理解的事物作深入探究。强烈的求知欲也是激发创新兴趣的直接原因之一，一个拥有强烈好奇心和求知欲的人，更容易产生创新兴趣，积极主动地探求未知世界的奥秘，努力拓宽自己的知识面，在更多领域取得创新进展。爱因斯坦曾说过，他的科学发现来自对研究问题的神圣的好奇心，来自想了解自然奥秘的抑制不住的渴望。

当个体充满兴趣地从事创新活动，各项心理功能都积极地活跃起来，感觉清晰，观察准确，思维敏捷，记忆力牢固，注意力集中而持久，有助于把自己的智慧和能力充分发挥出来。

创新兴趣引导着创新目标的确立、创新能力的开发，人们总是优先根据自己的兴趣来选择合适的创新内容和方向。对创新的强烈兴趣，是进行创新活动最重要的心理条件之一，美籍华裔物理学家、诺贝尔物理学奖获得者丁肇中说："我可以两天两夜，甚至三天三夜待在实验室。守在仪器旁，我热切地希望发现我所要探索的东西"。创新兴趣是构成创新动机的成分之一，激发我们积极的情感，为创新建立良好的心境，增强我们克服困难的勇气。不过，创新兴趣只是创新活动的开始，也并非所有的创新兴趣会引发实质的创新行为。因为创新兴趣可以分为"了解的兴趣"和"理解的兴趣"。"了解的兴趣"只是浅尝辄止的了解阶段，要继续上升到"理解的兴趣"，才能真正走上创新之路。所以创新兴趣还存在创新品质的问题，需要培养真正能促进创新的兴趣。

实例分析 1-4

少年袁隆平的创新兴趣

1942 年初秋，袁隆平从重庆市龙门浩小学毕业，进入复兴初级中学。在学习中，他有个特点——喜欢思索且爱提问。

一节讲"有理数"的数学课上，老师讲了一条乘法的重要法则：同号相乘的数取"+"号，并把绝对值相乘。老师进一步解释说："这就是说，正数乘以正数得正数，负数乘以负数也得正数。"

袁隆平边听边想，正数乘以正数得正数，这好理解；负数乘以负数也得正数，这是为什么呢？于是就发问："老师，负数乘以负数，为什么得正数？"袁隆平尽管没有从老师的回答中得到满意的答案，但却使他对这些抽象难懂的概念产生了兴趣，增强了逻辑思维能力。

有一次，老师讲到一个世界难题：一个角不能三等分。袁隆平觉得不好理解，他认为一个角应该可以三等分，比如一个 90 度的直角，分成各 30 度，不是分得规规矩矩的吗？但是老师说，这样分不对，就是不能三等分。为什么一个角不能三等分呢？袁隆平感到里面肯定有道理可讲。他自己想不出来，老师又没有把其中的道理讲清楚，他的心中留下了一个大疙瘩……

这些留在心中的疑惑，实际上是袁隆平思维发展和心灵成长的标志。他开始对抽象的概念产生兴趣，开动脑筋进行思索，强烈的求知欲使他学到了不少书本上学不到的知识。

思考：为什么说创新兴趣对于创新者而言最为基础且重要？

2. 创新兴趣的特征

（1）创新兴趣的指向性。由于个体之间的成长环境、实践活动领域和个性有差异，创新兴趣指向的对象也不同。创新兴趣的指向性在一定程度上反映了个人的需求、知识水平、理想和世界观。不同的创新兴趣方向都会促进创新，当然，创新兴趣的对象也存在类别、层次的差异，如科学家、艺术家及商人之间的创新兴趣指向可能就大不相同，但是对于其个人来说都是具有巨大价值的。创新兴趣在个体之间是存在差异的，培养和提高创新兴趣要因人而异、有的放矢。

（2）创新兴趣的广泛性。创新需要拥有明确、健康且广泛的兴趣，创新主体要对周围多变的环境有更充分、全面的观察和理解，不断努力获得广泛的创新信息和各方面不同领域的知识，扩大信息来源和眼界，丰富心理活动内容，达到触类旁通的目标。如果创新兴趣长时间局限一个狭窄的领域，易造成思想闭塞，视界狭小，思路呆板。英国经济学家威廉·贝弗里奇感慨道："成功的科学家往往是兴趣广泛的人。他们的独创精神可能来自他们的博学。多样化会使人观点新鲜，而过于长时间钻研某个狭窄的领域，则易使人愚蠢。"

（3）创新兴趣的中心性。多变复杂的创新环境需要创新主体具有开放心态，培养广泛的创新兴趣的同时，也应该有一个中心兴趣。中心兴趣能促使个体创新抓住重点，将精力和热情指向某个研究领域，深入探索，有所突破，而游离弥散的兴趣不利于产生突出的创新成果。

（4）创新兴趣的稳定性。稳定的创新兴趣有利于创新活动的持续开展。创新过程是一个漫长的探索过程，创新主体需要对创新领域进行持续的学习研究，更多地尝试，从而获得更深入的知识，以增强某一领域的创新能力，在这方面有所建树。

（5）创新兴趣的效能性。创新兴趣的关键作用是对创新产生积极的影响，带来创新效果。要善于把创新兴趣转化为创新行为的动机，驱使主体把兴趣变为实际行动。而如果创新仅仅停留在兴趣上，不能以兴趣推动行动，即使没有遇到任何困难，也仅仅是停留在期望和等待状态，那就不会产生实际效果，创新主体要有意识地重视发挥创新兴趣的效能，发挥创新兴趣的最大价值。

要提高创新兴趣的品质，一般经历"有趣—乐趣—志趣"这三个阶段。"有趣"是创新兴趣发展的第一阶段，人们往往自然而然地被新奇的现象或者新颖的事物所吸引，产生认识倾向。不过"有趣"是带有盲目性、易变性的，是短暂的阶段。"乐趣"是创新兴趣的第二阶段，是在前一阶段定向发展的基础上形成的。这时人们不满足于仅仅观察事物的外表，还想了解它的内在规律。"乐趣"阶段具有专性、自发性和坚持性。"志趣"是创新兴趣发展的第三阶段，当乐趣与稳定、符合道德要求的创新目标相结合时，创新乐趣便发展成创新"志趣"，使人孜孜不倦地追求创新，立志有所作为。

—— 知识点 2 创 新 动 机 ——

1. 创新动机的概念

动机是激发和维持个体的活动，并使这种活动朝着一定目标努力的内部心理倾向。与其他活动一样，创新活动也是受到动机的直接驱动而产生的。创新动机是指引起和维持个体进行创新行动的内在驱动力，是创新行为的动力基础。动机作为人的积极性的重要源泉，是激发人们进行各种活动的直接原因。创新动机是促使个人潜在创新能力向实际的创新行为转化的动力。恩格斯说过："就个人来说，他的行动的一切动力，都一定要通过他的头脑，一定要转变为他的愿望的动机，才能使他行动起来。"

动机是在需要的基础上产生的，需要是个体对某种客观事物的要求而引起的，这种要求可能来自自身，也可能来自外界环境。例如，创新动机可能是来自个体挑战困难的内部需要，也可能是来自外界竞争环境的需要。马斯洛需要层次理论提出，人的需要可以分为生理需要、安全需要、归属与爱的需要、尊重需要、自我实现的需要五个层次，自我实现需要是指人们希望自己的潜在能力得到充分的发挥，成为自己所期望的人物，可以认为是人的需要的最高层次，因为个体对某种创新目标实现的要求，实际上是个体希望自己的创新能力能够在创新过程中得以施展，发挥自身的价值。每个层次的需要都可以产生创新动机，但高层次需要所引起的创新动机更强烈。

创新动机在创新活动中主要有三方面的功能：一是激活功能，创新动机激发、推动个体产生创新行为；二是指向功能，创新动机总是使创新活动指向一定的目标或对象；三是维持与调节功能，创新动机一旦引起创新实践，会使人表现出极大的积极性，维持创新过程。个体能否继续坚持或如何做调整和改变，也会受到创新动机的调整和支配。

2. 创新动机的分类

创新动机并不是单一的，而是多元的，这既与创新主体的价值取向和个人特质有关，也与社会和企业组织的环境背景相关。总体上，创新动机可以分为内部动机和外部动机。

（1）内部动机。内部动机也称直接动机，指直接促使人们去创新的内部动力，是由问题本身和个人倾向等内部需要产生的动机。内部动机主要包括成就感、挑战意识、发明志向等发自内心的动机。内部动机与活动本身有关。由于创新能令人感到愉快，创新活动本身就是行动者所追求的目的。

创新的内部动机主要包括三种：第一种是对创新本身的兴趣，受创新本身的内在美的吸引；第二种是完成创新获得的心理体验令人向往；第三种是创新任务对人的能力的挑战和锻炼。所以，要培养好奇心，也要立大志、成大业，勇于挑战自我和提升自我，增强创新的内部动力。创新工作取得成功或解决了难题，从中所得到的乐趣和心理满足，超过了物质上的激励或者是物质激励无法替代的，这又会进一步加强创新的内部动机。

（2）外部动机。外部动机也称间接动机，指创新者在追求目标的过程中，目标本身不一定是创新，但是达到目标必须经过创新，即在实现目标的过程中含有创新。创新的外部动机一般包括想获取的外部的物质利益和精神需求，诸如金钱、名声、地位、服务社会等。在现实的经济社会中，个人及企业的经济收益的确是产生创新的重要的外部动机，也是值得肯定和鼓励的，但要坚守“君子爱财，取之有道”的原则，避免消极、错误的创新动机。创新者在高尚、正确的动机引导下，才能取得既对社会有益，也有助于个人成功的创新成果，从而实现想要达到的目标。

当然也有众多仁人志士不是为了追求个人的利益，而是出于对外界的责任感去创新。一是对企业的责任感，这是微观的；二是对社会的责任感，这是宏观的。对工作具备高度责任心的人会去寻找当前工作中的问题和缺陷，希望从中找到改进和提高的方法，进行创新，使自己的工作和企业的更好发展。具有社会责任感的人以满足和服务社会需求为基础而去创新，如治愈人们的某种疾病，推动医学科学进步，这是一种高尚的社会动机。所以，大学生既要培养求知欲、挑战精神等，又要培养时代感、责任感、正确的创新观和人生观，在为社会做贡献的同时实现个人的人生价值。

（3）内外部动机的相互作用。创新的内部动机更实在、更根本，但外部动机更全面、更丰富。这两种创新动机同时存在，共同推动创新活动。通过外部激励，可以促使人们去追求符合国家需要和社会利益的创新目标，使人们的创新责任感更强烈、更成熟。同时，创新的成果也会使人的创新热情和信心增强，从而外部动机转化为内部动机。

当内外部的创新动机共同作用时，更加可以推动人们积极进行创新。那么，如何让内外部创新动机良好的共同作用而不互相抵消呢？

我们应注意消除金钱等物质奖励对于创新任务的不利影响。对于枯燥乏味的任务，外在的奖励有较好的效果，可促使人把外在激励作为驱动力。但是对于创新这种具有挑战性和创造性的活动，强烈的外部动机在很多情况下反而抑制人的创造力，尤其是物质奖励。根据美国著名心理学家艾曼贝尔的研究，内部动机被激发才更有利于个体进行创新活动，因为在外部动机下，很多人的创新不再是一种自主自觉的活动，更多的时候是为了得到一种既定规则和他人的认可，而这恰恰不利于人的创新能力的发挥。而且，当外部动机出现时，人们会将注意力更多地放在外部动机的奖励上，而减少了对活动本身的享受和对满足感的关心。此时，那些物质奖励（如金钱）成了一种控制力和强迫的源泉，它会降低人们的自我决定感，从而削弱人们创新的内部动机。因此，在培养创新动机时，要特别注意对内部动机的培养及对外部动机不良影响的防范。

然而，精神上的激励和非期望中的不定时物质奖励往往会提高内部动机。精神上的激励会提升人们的自我决定的能力，并让人们感觉自己很有能力，从而提高创新的内部动机。那些非期望中的不定时物质奖励与期待中的物质奖励不同，前者是非期望中的，即意料之外的，这并不会在创新前强迫人们完成某种任务，不会削弱创新的内部动机。

实例分析 1-5

对虾专家韩光祖的故事

韩光祖是我国著名的对虾专家，1957 年从武汉大学毕业后，被分配到山东海洋水产研究所，研究对虾的生长特性和洄游规律。虽然韩光祖在校学习了水生生物的理论，但在面对对虾时，还是感觉到陌生。他几次想要跟领导申请调换工作，但是一次他听说，对虾本是我国的特产，但由于我国对其研究不足，有关科研论文都是外国学者发表的，因而连对虾的名字都被冠以“东方对虾”而不叫“中国对虾”，并且由于当时我国科学技术的相对落后，不能及时大量地捕捞，致使我国这种特有资源洄游到公海，成为其他国家争夺的对象。韩光祖痛心疾首，决心奋发图强、迎难而上。从此，他数十年如一日地进行观察、实验、分析，终于揭开了对虾的婚配之谜、繁殖之谜及洄游之谜。韩光祖还创造性地开展了虾情预报的研究工作，由于他采用了新颖的科学方法，预报的准确性逐年提高。

思考：如何正确区分案例中的内外部创新动机？如何才能将内外部动机有效结合？

— 知识点 3 创 新 情 感 —

1. 创新情感的概念

创新活动的主体是具有知觉、情感、意志的人，人们在认识世界和改造世界的创新实践中，不但认识了周围的事物，并且对它们作出评价，产生一定的态度，引起相应的情感体验。情感，是人对事物的态度的体验，如对创新的态度是认可的，那么就会相应产生热爱、崇尚的情感体验。我们常把情绪和情感视为同一种心理反应，其实二者是有一定区别的。情绪是人的态度体验中的一种低级形式，有较大的冲动性，不大稳定，并常与一定的情景相伴随：而情感是人的态度体验中的一种高级形式，是人生长到一定年龄阶段才产生的，是一种比较稳定且与人的社会需要及精神需要相联系的深刻的态度体验，如热爱、自尊心、责任感、爱国情感等。

创新情感是指创新主体对创新的主观情感体验，包括对创新及创新过程涉及的各方面内容，它是主体进行创新活动的情感力量，对创新活动的维持和调节起着很大的作用。贝弗里奇指出：“情感上的敏感性也许是科学家应具有的一种可贵品质。无论如何，一个伟大的科学家应该被看作是一个有创造性的艺术家，把他看成一个仅仅按照逻辑规则和实验规章办事的人是非常错误的。”

2. 创新情感的作用

（1）智力和创新情感相互作用

在任何一种活动中，认知活动与情感活动都是互相交织的，积极健康的情感对认知活动起着促进作用，反之则带来消极影响。同样，人的创新过程不仅仅是激烈的智力活动过程，也是强烈的情感活动过程，在智力和创新情感双重因素的积极作用下，人们的创新才可能有持续的力量和思想火花。因此，我们不仅要注重培养创新思维和创新能力，也要培养丰富而有活力的创新情感。日本某著名教育心理学家在谈到发展学生的智力时强调：“不能无视情感的作用。情感交织在人的思维中，或者成为刺激或者成为障碍。”他曾用大量实验结果证实：一旦学生对学习失去情感，思维、记忆等认识功能会受到压抑和阻碍。对于创新活动，创新情感也会起到这样的正面或负面的作用。

（2）创新情感作用于创新活动的全过程

从创新动机的产生到创新过程的持续，再到创新结果的验证，各个环节无不蕴含着创新者的情感因素。创新过程需要以创新情感为动力，如求实精神、坚强的信念及道德感等因素。创新情感还可以为个体提供丰富的创新暗示和创新启迪。

3. 创新情感的类型

人的情感按其性质和内容可以分为理智感、道德感和美感。这三种形式也是重要的创新情感，因为创新也正是真（理智感）、善（道德感）、美（美感）的统一体。理智感是指与智力活动相联系的体验（人对真理的追求、对科学的探索等）；道德感是指对人的思想意识和行为举止（如创新行为）是否符合社会道德规范而产生的体验；美感是在自然风光、艺术欣赏或科研与创新活动中产生的和谐与美的感受。大学生高涨的创新热情、审慎的理智感、新颖的审美感，是激发大学生创新意识的催化剂。

（1）理智感。理智感是人在智力活动中，由对客观真理的认识、探求和评价而产生的情感体验。例如，人们在探索新的、未曾认识的事物时表现出的惊讶感、好奇心；在创造活动中，对矛盾的或未被证实的事物和现象所产生的怀疑感，敢于质疑，勇于坚持自己见解的热情和自信；热爱创新，为追求创新而有自豪感；对不合理的现状、偏见和谬误的鄙视和排斥等。理智感是人们创新和学习知识的重要情感力量，可以推动主体进行创造性的思考。具有强烈理智感的人能对好奇和怀疑的事物进行探索和研究，从而实现新的发现、新的创造，如爱因斯坦所说，思维世界的发展在某种程度上来说是对惊奇的不断摆脱。缺乏理智感，就不可能有对创新和科学的执着追求与坚守，也无法全身心地投入到创新活动当中。

（2）道德感。道德感是人对于自己和别人的思想意图、言谈举止及各项活动是否符合一定的社会道德标准而产生的情感体验。创新行为符合道德标准便产生满意、肯定的体验，不符合便产生消极、否定的体验。道德感是进行创新活动必须具备的精神条件。创新主体只有具备道德感，创新才是对国家、社会、集体和他人有益的，而且对他人和社会的道德感还会成为创新的激情和动力。

（3）美感。美感是人对自然界事物以及社会生活中的事物作出评价时所产生的情感体验，这种愉悦的情感体验对创新有重要的推动作用和启迪作用。创新也追求美，创新本身也包含美。法国籍波兰裔化学家居里夫人说过，“科学的探讨研究其本身就含有至美”。美感还能启迪人们的创新思维。科学美感启发人们去发现自然界存在的简单美、对称美、和谐美。英国物理学家法拉第曾兴奋地写信告诉瑞士物理学家德拉里夫，他的兴趣被吸引到电磁转换的问题上，因为“磁力转换的法则，简单而又美丽”。波兰天文学家哥白尼相信宇宙体系是和谐的，这一坚定的信念促使他建立起了日心说体系。德国天文学家开普勒发现行星运动定律之后，也为行星运动的和谐之美激动万分。

实例分析 1-6

“新四大发明”：标注中国，启示世界

2017 年，在“一带一路”国际合作高峰论坛举行期间，新华社记者针对 20 国青年展开了一项调查，调查显示高铁、网购、支付宝、共享单车，成为这些在华外国人心目中的中国“新四大发明”！

（1）高铁——日行千里轻轻松松

2017 年 6 月 26 日，时速 400 千米的“复兴号”高铁列车成功首发，它的完全自主知识产权更赢得国内外网友纷纷点赞。从 9 月 21 日开始，“复兴号”在京沪线率先实现时速 350 千米运营，我国成为世界上高铁运营速度最快的国家。

（2）网购——足不出户买遍全球

按按键盘，瞬间下单，买遍全球；动动手指，衣食住行，送到家中——这就是中国网购的魅力。虽非首创，但中国率先将网购的科技创新、升级，使其凭借高效便捷的用户体验，成为当下中国人主要的消费和生活方式之一。全天候、低成本的中国网购，彻底激活了互联网经济：跨境电商，全球交易，足不出户；农村电商，带动农户，增加收入。

（3）支付宝——不带钱包行遍天下

出门带钱包，否则寸步难行——这种状况在中国已成了历史。只要有一部智能手机，

支付宝、微信就可秒支付，完全开启无现金生存模式。调查显示，70% 的中国网民表示自己不再需要每天支付现金。中国是世界上第一个发明并使用纸币的国家，这一次，中国又向世界展现了前所未有的便捷的电子支付，引领世界走向移动支付新时代。

（4）共享单车——风靡街头共享便利

共享单车在短短一年就从上海风靡全中国的大街小巷，“无固定位共享单车模式”深入人心。共享单车不仅解决了用户“最后一公里”的出行难题，还能缓解交通拥堵问题，没有尾气排放，促进绿色环保，同时提高了闲置自行车的利用率，赢得广大市民的青睐。这一切都颠覆了人们对骑行的传统认知。

“新四大发明”只是我国近年来科技高速发展的一个缩影。历史表明，科技革命总是能深刻改变世界发展格局。

（资料来源：陈芳，余晓洁，鹿永建．“新四大发明”：标注中国，启示世界．新华网 .2017，选取时有删改）

思考：案例中的创新来自哪里？如何才能激发此类创新？

—　知识点4　创新意志　—

1. 创新意志的概念

任何创新既有可能取得成功，也有可能遭受失败，即使成功，过程也是曲折的。创新是一项艰苦的探索活动，人们在创新过程中常会遇到各种内部心理和外部环境造成的障碍和挫折，只有意志顽强的人，才能冲破重重障碍，完成创新。意志是人自觉地确定目标，并支配行动，克服困难，实现目标的心理过程。意志是人类独有的心理活动形式，它使人类具有高度的主动性和创造性。

创新就是一种意志行为，创新的特征就是要克服困难，做前人和别人没有做的事，可以说意志就是力量，就是创新的支柱。创新意志是有意识、有目的、有计划地调节和支配创新活动的心理现象。创新意志是在创新情感的基础上产生的，没有情感就不可能产生任何意志。创新意志又使创新情感具有了目的性，使创新情感能够按照人的价值需要进行发展。

意志过程包括决定阶段和执行阶段，创新意志也是如此。决定阶段指选择一个有意义的创新目标作为行动的目的，其中可能存在不同动机、愿望的斗争，需要作出决策，并确定达到该目的的方法。执行阶段即努力克服困难，坚定地把创新计划付诸实施的过程。创新意志的调节作用包括两方面，即发动与预定目的相符的行动和抑制与预定目标矛盾的行动，如对行为的发动、坚持、制止、改变等方面进行控制调节。

2. 创新意志的品质

意志行动是与克服困难相联系的，克服困难的过程也就是意志行动的过程，人的意志坚强与否、坚强程度如何，可以从意志的品质中体现。创新意志品质包括意志的坚定性、独立性、果断性和自制性，具体体现为形成创新的设想、准确的判断、果断的决策、周密的计划、坚定的行为等方面。

（1）创新意志的坚定性。意志坚定是创新者宝贵的意志品质之一，表现为长时间坚持自己决定的合理性，并坚持不懈地努力克服困难完成创新活动。意志的坚定性对于创新活动的展开有着重要意义，它能够保证主体的智力效应不断积累，使主体长期地开展某一特定方向的创新思考和研究，并不断排除障碍，直至实现创新目标。贝弗里奇说："几乎所有有成就的科学家都具有一种百折不挠的精神，因为但凡取得有价值的成就，在面临反复挫折的时候，都需要毅力和勇气。"

（2）创新意志的独立性。意志的独立性表现为一个人能根据自己的认识与信念，独立作出决定、执行决定、有责任感，愿意对自己的行为所产生的结果负责。意志的独立性有助于创新主体自主地作出科学的思维判断，而不盲目相信和屈服于外界的各种声音、意见等，坚持自己的想法，将注意力集中在特定的目标之上，充分调动智力因素。如果缺乏意志的独立性，易受他人的暗示，随波逐流、人云亦云，则创新很难成功。

（3）创新意志的果断性与自制性。果断性表现为既能深思熟虑，又能迅速辨明是非，及时、坚决地作出合理的选择。在创新中，主体要能根据社会发展和科技发展的需求，适时的选择与确定研究目标，在激烈的竞争中获得时间和机遇的优势。自制性是指主体善于支配和约束自己行动的能力以及对情绪状态、缺点等的调节。

实例分析 1-7

坚持不懈地努力

吴欣鸿是一名"85后"，喜欢画画、摄影，高中时期开始投资域名领域并挖到了人生的第一桶金。从那时起，他坚定了要在互联网创业的念头。但在创业起步时，吴欣鸿面临了两次创业失败。不过，吴欣鸿没有被失败打倒，他依然坚定信念，坚守自己的创业梦。

一次偶然的机会，吴欣鸿发明了一款"火星文"（由符号、冷僻字或汉字拆分后组成的网络流行文字）转换器，该产品在没有做任何推广的情况下，在一年后拥有上千万的"90后""00后"用户。转换器的成功，又一次让吴欣鸿思考，他总结为抓住了"90

后”“00后”网友的非主流需求，满足了他们的个性化要求。但用转换器很难找到盈利模式，这让吴欣鸿苦恼不已。能不能开发出一款既盈利又依然针对“90后”“00后”的产品呢？吴欣鸿苦苦思索着。一天，他拿起久违的画笔，又拿出心爱的单反相机，准备拍一张自己手绘的画上传到微信。下意识地，他上网搜索，发现用户对个性化头像和图片的需求很大，但那时流行的Photoshop等传统软件对普通网友来说，有些难度。吴欣鸿突然意识到，何不做一款简单好用的图片处理软件呢？他本人超级迷恋摄影，在这方面既有兴趣又有天赋。吴欣鸿兴奋不已，他要做一款适合国人的、简单的图片处理软件。经过不懈地努力，吴欣鸿最终成立了美图公司，推出美图秀秀这一更迎合国内青年人需求的App。

所以要成为一个坚定的创新者，就必须从最开始就训练与学习，通过自身的努力与外在的辅助，达到最高创新境界。创新意识主要以创新兴趣、创新动机、创新情感、创新意志构成，它们从创新意识的由弱到强进行排列，要达到最高境界的创新意志是需要长期日积月累的，要有意识地不惧失败，经过反复磨炼与学习才能实现。

思考：吴欣鸿的故事给你带来哪些启示？创新的必备条件有哪些？

技能训练

【训练说明】

“泰坦尼克号”即将沉没，船上的“乘客”（同学们）须在“泰坦尼克号”的音乐结束之前利用仅有的逃生工具——七块浮砖，逃离到一个小岛上。出发时，每一个人必须从长凳的背上跨过（就如同从船上的船舷栏杆上跨过），踏上浮砖。在逃离过程中，船员身体的任何部分都不能与“海面”——地面接触。自离开“泰坦尼克号”起，在整个的逃离过程中，每块浮砖都要被踩住，否则老师会将此浮砖踢掉。全部人达到小岛之后，并且所有浮砖被拿到小岛上，游戏才算完成。在危险来临之际，同学们需要发挥团结协作精神与创新精神，共谋出路，绝地求生。

请同学们通过创新设计，让尽可能多的同学顺利脱困。同时，通过合理分工，发挥团队协作精神。

【训练实施】

步骤一：布置游戏场景。

将25米的长绳在空地上摆成一个岛屿形状，在另一边，摆4个长凳，用另外一条绳子作为起点。

步骤二：讨论和试验。

[基础任务] 根据游戏场景，讨论如何以最短的时间，让最多的同学安全撤离，完成任务。

方案 1 内容：

试验结果与优化构想：

方案 2 内容：

试验结果与优化构想：

方案 3 内容：

试验结果与优化构想：

步骤三：方案实践。

根据所设计与优化的方案进行实践，并记录方案实践过程中发现的问题。

步骤四：反思与提升。

根据方案实践中存在的问题进行反思，思考创新提升方案，并填于表 1–3 中。

表 1–3　反思与提升记录表

问题	反思与提升
① 小组可以想出什么办法来达成目标	

续表

问题	反思与提升
② 小组是否确定出领导者？是根据什么确定的？撤离方案的形成是领导的决定还是小组讨论的结果	
③ 小组的方案是否坚决贯彻到底了？中间发生了什么变化？为什么	
④ 事后回顾当初的方案觉得是否可行？有更好的方案吗？为什么当时没有想到或没有提出来	
⑤ 小组是如何分配组员撤离的先后次序的？考虑到了什么因素	

任务小结

① 创新意识：是一种致力于追求卓越的导向思维，它体现了人们对创新及其价值和重要性的深入理解和认知。这种认知不仅塑造了人们对待创新的态度，更在潜移默化中构建了一种引领创新活动的整体精神风貌，为创新实践提供了强大的精神支撑和动力源泉。

② 创新意识的构成：主要由创新兴趣、创新动机、创新情感和创新意志等要素构成，这些要素在推动创新意识由弱到强的发展过程中，扮演着不同但相辅相成的角色。要达到创新意志这一最高境界，并非一蹴而就，而是需要经历长期的积累和磨炼。这需要我们保持对创新的持续兴趣，明确创新的动机和目标，培养积极的创新情感，并在实践中不断挑战自我、超越自我。同时，我们还需要学会从失败中吸取教训，勇于面对挑战和困难，通过反复的学习和实践，不断提升自己的创新意识和能力。

③ 创新意志：作为创新意识的精髓与核心，其实质是一种坚定的意志行为。创新意志并非无根之木，它是有意识、有目的、有计划地调节和主导创新活动的心理现象，它深深植根于创新情感之中，没有情感的激荡，便无法孕育出坚定的意志。同时，创新意志又赋予创新情感以明确的目标和方向，使其能够按照人的价值追求不断发展，进而推动创新活动的深入进行。因此，我们可以说，创新意志既是创新活动的动力源泉，也是创新成果得以实现的重要保障。

项目二

解锁创新思维密码

学习目标

>> 知识目标

① 理解创新思维的概念及特征。

② 解析创新思维的过程及方法。

③ 了解创新思维障碍的类型。

>> 能力目标

① 掌握创新思维的形式。

② 掌握突破思维障碍的方法。

>> 素质目标

① 培养敢于提出质疑、勇于进行创新的思维意识。

② 培养注重团结协作，具备良好的团队协作精神。

导师寄语

习近平总书记强调:“创新是一个民族进步的灵魂，是一个国家兴旺发达的不竭动力，也是中华民族最深沉的民族禀赋。”党的二十大报告指出，“紧跟时代步伐，顺应实践发展，以满腔热忱对待一切新生事物，不断拓展认识的广度和深度，敢于说前人没有说过的新话，敢于干前人没有干过的事情，以新的理论指导新的实践”，高度概括了创新思维的本质要求。

创新思维不是一蹴而就的，它需要时间去培养，需要勇气去实践。我们需要克服创新思维障碍，保持好奇心和开放性，不断提问、探索和尝试，激发自身潜在创新能力。每一次的失败都是通向成功的阶梯，每一个不起眼的想法都可能成为下一个伟大的创新。

学习地图

- 项目二 解锁创新思维密码
  - 任务1 认识创新思维
    - 知识点1 思维与思维能力
    - 知识点2 创新思维的概念
    - 知识点3 创新思维的特征
  - 任务2 解析创新思维核心要素
    - 知识点1 创新思维的形式
    - 知识点2 创新思维的过程
    - 知识点3 创新思维的训练方法
  - 任务3 突破创新思维障碍
    - 知识点1 思维定势的分类
    - 知识点2 思维偏见的分类
    - 知识点3 创新思维束缚与克服对策

任务 1 认识创新思维

任务目的

① 能够认识思维与思维能力，了解思维运作机制。
② 能够掌握创新思维的概念，加强创新思维培养。
③ 能够理解创新思维的特征，锻炼创新思维应用。

【新知预览】了解创新思维

任务情境

张晋是一名大学二年级的学生，主修市场营销专业。最近，他和同学组队准备参加校园创业竞赛，他们的参赛项目是设计一款适应于大学生群体的智能时间管理 App。但他们发现市场上已有不少同类产品，一时难以获得突破。他决定和小组成员群策群力，思考如何运用创新思维来帮助他们解决问题。

知识储备

创造性理论强调，人的创造力核心在于创新思维的能力，这是创造学的核心内容之一。创新思维是一种超越传统、突破常规的思维方式，它要求我们在面对问题时能够跳出固有的思维定势，勇于尝试新的方法和途径。这种思维方式具有开放性、多元性和灵活性等特点，能够帮助我们在复杂多变的环境中找到最佳解决方案。因此，培养和提高创新思维能力，对于提升个人的创造力和创新能力具有重要意义。

—— 知识点 1　思维与思维能力 ——

1. 思维

“思维”一词在英语中为 thinking。在汉语中，“思维”与“思考”“思索”是同义词或近义词，因此，思维通常被解释为思索、思考的意思。

思维最初是人脑借助语言对事物进行概括和间接的反应过程。思维以感知为基础又超越感知的界限。通常意义上的思维，涉及所有的认知或智力活动。它探索与发现事物的内部本质联系和规律性，是认识过程的高级阶段。思维科学认为，思维是人接受信息、存贮信息、加工信息以及输出信息的活动过程，而且是概括地反映客观现实的过程，这就是思维本质的信息论观点。

从生理学上讲，思维是一种高级生理现象，是脑内一种生化反应的过程，是产生第二信号系统的源泉。所谓第二信号系统，是以语言作为刺激的反应系统，与第一信号系统——以电、声、光等为感官直接接收的信号作为刺激的反应系统相区别。从思维的本质来说，思维是具有意识的人脑对客观现实的本质属性、内部规律的自觉的、间接的和概括的反映。思维是认识的理性阶段，在这个阶段，人们在感性认识的基础上形成概念，并用其构成判断（命题）、推理和论证。思维包含“思维对象”和“思维主体”两个要素。思维对象，就是人们的思维所指向的目标。从思维方法的角度来考察思维对象，主要特点表现在“无穷多的数量”“无穷多的属性”和“无穷多的变化”三个方面。思维主体，就是从事实践活动的人或正在进行思考的人的头脑。

思维包括三个内容：记忆、理解、创新。这三大块也是思维过程中的三个阶段，环环相扣。也可表述为三种思维能力：记忆力、理解力和创造力。

思维对事物的间接反映，是指它通过其他媒介作用认识客观事物，以及借助已有的知识和经验，已知的条件推测未知的事物。思维的概括性表现在它对一类事物非本质属性的摒弃和对其共同本质特征的反映上。

随着研究的深入，人们发现，除了逻辑思维之外，还有形象思维、顿悟思维等思维形式的存在。逻辑思维也叫抽象思维，形象思维也叫具象思维，顿悟思维也叫灵感思维。

2. 思维能力

思维能力是指人们在工作、学习、生活中每逢遇到问题，总要“想一想”，这种“想”，就是思维。它是通过分析、综合、概括、抽象、比较、具体化和系统化等一系列过程，对感性材料进行加工并转化为理性认识及解决问题的。我们常说的概念、判断和推理是思维的基本形式。无论是学生的学习活动，还是人类的一切发明创造活动，都离不开思维，思维能力是学习能力的核心。

思维能力包括理解力、分析力、综合力、比较力、概括力、抽象力、推理力、论证力、判断力等能力。它是整个智慧的核心，参与、支配着一切智力活动。一个人聪明不聪明，有没有智慧，主要就看他的思维能力强不强。要使自己聪明起来，智慧起来，最根本的办法就是培养思维能力。

实例分析 2-1

两 辆 中 巴

某城镇上有一条从居民小巷通往火车站的汽车线路。或许因为路线较短或者沿途乘客较少，客运公司只安排了两辆中巴车（101 号和 102 号）进行往返服务。

101 号车和 102 号车分别由两对夫妻操作。乘坐这些车的乘客主要是住在周边的居民和他们的家人，乘客每次进城往往全家出行。

101 号车的女主人对孩子们乘车很宽容，即使是夫妇带着几个孩子，她也很少要求买票，通常只向成年人售票。有些乘客感到不好意思，想要为年纪较大的孩子购票时，她会笑着提议："下次带个小零食来换车票如何？这次就免费让你们坐车。"

与之相反，102 号车的女主人则非常严格，只要车上有带孩子的乘客，年纪大的要买全票，年纪小的也得买半票。她经常解释说："车辆是承包经营的，每个月都要向公司缴纳一定金额的费用，如果乘客太少，一个月的收入不够，就无法继续运营下去。"乘客们表示理解，并会支付相应的票价，因此，大多数时候相安无事。

然而，三个月后，102 号车停运了，它似乎应验了女主人的预言：由于乘客太少，无法维持运营。

思考：102 号中巴停开的原因何在？

— 知识点 2　创新思维的概念 —

创新思维是指以新颖独创的方法解决问题的思维过程，通过这种思维能突破常规思维的界限，以超常规甚至反常规的视角去思考问题，提出与众不同的解决方案，从而产生新颖的、独到的、有社会意义的思维成果。创新思维的本质在于用新的角度、新的思考方法来解决现有的问题。

创新思维着重强调充分发挥人的主观能动性，在认识世界的基础上积极改造世界，从而提出新理论，推进新实践，创造新成果。对此，我们要加强创新思维的培养，深刻把握创新思维的认识论基础在于了解事物新陈代谢的规律，其本体论要求在于调动发挥人的主观能动性，其价值论本质在于创新是引领发展的第一动力，其方法论要义在于继承与创新相结合，从而不断增进创新自觉，增强创新本领，坚持守正创新，更好创造性地开展工作。

实例分析 2-2

增加一毫米

有一家专门生产牙膏的公司，其产品因卓越的品质和精美的包装而广受消费者喜爱，公司的年营业额持续增长。过去十年，公司的年营业增长率在 10%~20%，这让总裁非常满意。然而，到了第十一年后，业绩增长停滞，每月的营业额保持不变。

面对如此停滞不前的业绩，总裁开始感到不满，于是召集了经理级高层举行会议，以讨论解决方案。在会议中，一位年轻的经理站起来说：“我手里有一张纸，纸上有一个建议，如果您采纳我的建议，需要另外支付我 5 万元！”总裁听后愤怒地说：“我每个月都给你发薪水，还有分红和奖励。现在让你来开会讨论，你却还要额外要求 5 万元。这是不是太过分了？”“请总裁不要误会。如果我的建议行不通，您不必支付一分钱。”年轻的经理解释道。“好！”总裁接过那张纸，阅读完毕后，立即签了一张 5 万元的支票给那位年轻经理。

那张纸上只写了一句话：将现有牙膏管的开口宽度增加 1 毫米。总裁立即下令更换新的牙膏包装。这个决策使得公司次年的营业额增加了 32%。

思考：该公司次年的营业额增加 32% 的原因是什么？

— 知识点 3　创新思维的特征 —

1. 对传统的突破性

创造性思维的结果体现为创新。追求创新，是创造性思维的本质。而要创造出新成果，往往需要创造者在思维的某些方面有所突破，可以说，突破性是创造性思维一个最明显的特征。

（1）突破性体现为创造者突破原有的思维框架。这是指在思考有待创造的问题时，要有意识地抛开头脑中以往思考类似问题时所形成的思维程序和模式，排除以往的思维程序和模式对寻求新的设想的束缚，就可能取得意想不到的创造性的成功。

（2）突破性还体现为突破已有的思维定势。俗话说习惯成自然，特别是思维上的习惯一旦形成，就让人不知不觉地按照已形成的思维定势去思考问题。突破习惯性思维对于当代中国人尤为重要。中国有着数千年的农耕历史，人们以往的习惯性思维是根据去年或往年的春种秋收的经验教训，来安排当年的春种秋收工作，根据过去的经验来安排眼前的事宜。但在现代化社会，就要克服这一依赖过往经验的思维习惯，应多根据未来需要什么，来安排现实的工作。

（3）突破性也体现在超越人类既存的物质文明和精神文明成果上。从超越既存的物质文明成果看，产品的更新换代，就是科技研发人员思维上敢于去超越原产品的结果。从超越既存的精神文明成果看，爱因斯坦突破了牛顿经典力学的静态宇宙观去思考，创立了狭义相对论，这一事例就是敢于跳出既定思维模式，创造宝贵知识财富的诠释。

当一个新的设想或新的事物产生时，必然会遭到旧的习惯势力的抵制，所以，创新要有胆识、有勇气。19 世纪开始建造火车铁轨时，有人警告说，当时速超过 50 千米时，人会鼻子出血，而且火车过隧道时，人们将会窒息。事实证明，并未一语成谶，如果当时人们不敢提出质疑，害怕未知的结果，那么创新一定不会发生。

实例分析 2-3

两个鞋厂推销员的故事

两个鞋厂的推销员几乎在同一时间抵达一片遥远的海岛，他们都怀着在这片未被开发的市场上销售他们商品的愿望。

他们不约而同地注意到了一个现象：岛上的居民习惯赤脚行走，从未尝试过穿鞋。

第一位销售代表对这一发现感到沮丧。他迅速向公司汇报了他的观察结果：岛上的人都不穿鞋，这意味着在这里销售鞋子似乎没有市场。汇报完毕后，他失望地离开了岛屿，认为这里不会有成功的机会。

与此同时，第二位销售代表却对这一情况抱有不同的看法。他兴奋地向公司汇报了自己的想法：岛上的人们尚未体验过穿鞋的舒适和便利，这实际上代表着一个未被挖掘的巨大市场潜力。为了引起岛民的关注，他精心挑选了几双时尚的鞋子作为礼物送给了海岛的国王和王后。岛民们看到他们的领袖开始穿鞋，便开始纷纷模仿这一行为。利用这一新起的潮流，第二位销售代表在岛上开设了一家鞋店，最终为他所代表的鞋公司带来了巨大的利润。

思考：从这个故事中，你得到什么启示？

----

2. 思路上的新颖性

创新思维是以求异、新颖、独特为目标的。它是在传统思维模式之外探索新的可能性，是对常规的挑战，对现状的不满足。这种思维方式要求我们跳出舒适区，冒险尝试未知的领域，从而产生颠覆性的创意和解决方案。

以字节跳动公司及其旗下的短视频平台抖音（海外版称为“TikTok”）为例，该公司通过创新思维，成功地让该平台在全球社交媒体市场中占据了一席地位。在抖音出现之前，社交媒体主要由文字和图片驱动，而视频内容则通常较长且制作成本较高。字节跳动识别了市场上这一空缺，并利用其强大的算法推荐系统，为用户提供了一种全新的、沉浸式的短视频体验。抖音的创新不仅在于其形式上的独特性——短视频容易消费且极易分享，而且在于它如何利用技术来增强用户体验。通过先进的算法，抖音能够实现个性化推荐，确保用户不断获得与其兴趣相关的内容。此外，其简单易用的视频创作工具和富有创意的互动功能，鼓励了广泛的用户群体参与和创造内容，这种参与感和社区归属感是其迅速增长的关键因素。这就是创新思维的力量，通过追求差异性、培养新颖的想法和独特的视角，可以开发出改变市场和影响世界的产品和服务。在不断变化的世界中，只有不断创新，才能持续领先。

3. 程序上的非逻辑性

这是指创造性思维往往是在超出逻辑思维，出人意料地反常规情形下出现。因此。创造性思维的产生常常具有跳跃性，省略了逻辑推理的中间环节。例如，前面突破性特征中提到的爱因斯坦相对论的建立就体现了非逻辑性特征。由于省略了中间环节，其创新成果曾一时令人无法理解和接受。许多科学家都为之瞠目，有的人甚至公开讥笑他为疯子，但结果证明，爱因斯坦的相对论是正确的。

创造性思维的非逻辑性，有时甚至会让创造者自己对其也感到不理解。例如，当德国科学家普朗克首创量子假说时，连他自己也感到茫然不知所措，甚至怀疑这个假说是否真的成立。

急中生智就是创新思维非逻辑性的典型表现。唐代诗人李白被称作诗仙，他借酒助兴诗如泉涌；现代词作家乔羽在书房写作，抬头忽见一只蝴蝶飞来，瞬间又飞去，这一现象触发了他的灵感，因此创作出著名的歌曲《思念》。

需要指出的是，创新思维的过程，往往既包含逻辑思维，又包含非逻辑思维，是两者相结合的过程。在创新思维活动中，新观念的提出、问题的突破，往往表现为从逻辑的中断到思想的飞跃。这通常都伴随着直觉、顿悟和灵感，从而使创新思维具有超常的预感力和洞察力。

4. 视角上的灵活性

创新思维表现为视角能随着条件的变化而转变，能摆脱思维定势的消极影响，善于变换视角看待同一问题，善于变通与转化，重新解释信息。它反对一成不变的教条，而是根据不同的对象和条件，具体情况具体对待，灵活应用各种思维方式。例如，在一次实验中，贝尔发现了一个有趣的现象：当电流接通或断开时，螺旋线圈会发出噪音。而这个噪音，换个视角去思考，便成了一个伟大的发明，那就是电话。贝尔对这个“噪音”产生了一个大胆而新奇的设想：也许可以用电流来传送人的声音！经过两年的艰苦实验，贝尔及其团队终于做好了一台电话样机。

5. 内容上的综合性

创新活动是在前人基础上进行的，必须综合利用他人的思维成果。科学技术发展史一再表明，谁能高度综合利用前人的思维成果，谁就能取胜，就能取得更多突破，作出更多贡献。在技术领域综合结出的硕果，更是到处可见。

小米公司通过跨界整合不同行业的技术和理念，创造了多个成功的产品。从最初以其智能手机系列闻名，到现在综合了消费电子、智能家居、互联网服务等不同的技术和理念，小米创造出了自己的生态系统模式，成为综合创新驱动的企业。可以说，综合就是创造。

6. 时空上的开放性

开放性则表现为在时间和空间上敢于突破思维框架，使思维像阳光一样向外放射。

比如说，请你从 0，1，2，4，3，7，8，10 中寻找规律，你可能很容易说出它们都是整数、有理数等规律，这是一种数学定势。如果你说它们是由直线符号和曲线符号交错排列的一组符号时，则意味着你开始突破数学定势，思维向外开放了。再如问砖头、曲别针、空酒瓶子等有多少种用途，如果你能从对它们的原有功能范围的认识中突破出来，提出更多的用途，你的思维就开放了。

实例分析 2-4

没有想不到，只有做不到

《易经》里将“变化”划分为“变易”“简易”和“不易”三个层次，其中的“变易”，即创造变化、利用变化、引领变化、驾驭变化，有“变化之变化”之意。

比如大多数企业，每年都提到要开拓市场，总是说要“占领市场”，其实营销的最高境界是创造市场，通过创造需求来创造一块全新的、短期内无人竞争的市场。比如冰箱，这种产品竞争很激烈，利润很低，而某公司却在趋于饱和的冰箱市场投放了一种小型冰箱，可以放到车里，供旅游使用等，引导和开发了人们潜在的消费需求，从而达到了创造需求、创造市场的目的。

一位知名企业家曾说：“很多时候，要等到你把产品摆在面前，用户才知道自己想要什么。"因此，思路决定出路。思路是决定企业和个人成败的关键因素。思路不同，看待世界的视角不同，对待生活的心态不同，解决问题的方法不同，就会产生截然不同的结局。从人生发展角度说，一生中，我们拥有许许多多选择人生的机会，能够努力寻找好的思路的人，比只会埋头苦干、不善思考的人更能获得成功。

思考：请广泛搜集资料，举例描述近期你了解到的商业新思路。

技能训练

【训练说明】

尝试发掘创新思维并用于解决实际问题有助于提高解决问题的效率与能力，培养勇于创新的实践能力与应用创新思维的综合能力。

分组在教室开展创新活动。每小组 3 ~ 6 人，每小组使用 3 根短木条，借助简易木工工具，如小刀等，自主寻找思路制作可拆卸的孔明锁。材料与成品如图 2-1 所示。

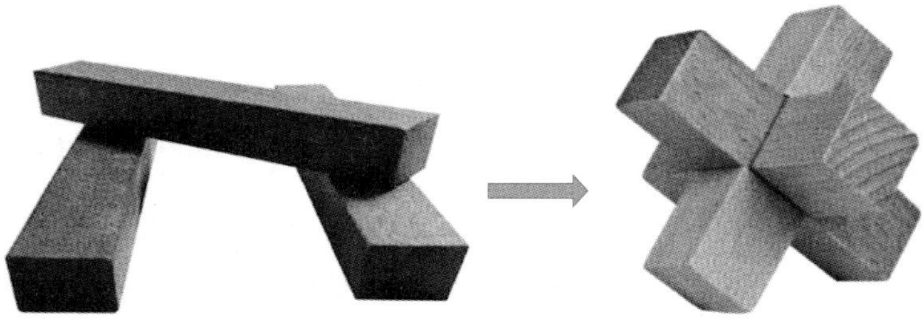

图 2-1　孔明锁材料与成品图

【训练实施】

步骤一：

方案内容：--

试验结果与优化构想：--------------------------------------

步骤二：

方案内容：________________________________

____

____

试验结果与优化构想：____________________________

____

____

步骤三：

方案内容：________________________________

____

____

试验结果与优化构想：____________________________

____

____

步骤四：

方案内容：________________________________

____

____

试验结果与优化构想：____________________________

____

____

步骤五：

方案内容：________________________________

____

____

试验结果与优化构想：____________________________

____

____

任务小结

① 创新思维的本质：在于运用新颖的视角和独特的思考方式，来应对和破解当前面临的问题，从而开创出前所未有的解决方案。

② 创新思维的目标：在于追求差异性、新颖性和独特性，致力于打破常规，探索未知，从而开创出更具创意和价值的思维成果。

③ 创新思维的特征：体现在对传统观念的突破性挑战、思维路径的新颖独特、解决问题时的非逻辑性思维过程、观察问题视角的灵活多变、思维内容的综合集成，以及思考时空的开放广阔等多个方面。

④ 思维能力：指人在工作、学习、生活中面对问题时，不由自主地去“想一想”的过程。这种“想”，便是思维，它代表着大脑对问题的分析、推理和判断。

任务 2 解析创新思维核心要素

任务目的

【新知预览】解析创新思维

① 能够了解创新思维的形式，比较不同思维形式之间的异同。
② 能够掌握创新思维的过程，明确思维过程四个阶段。
③ 能够应用创新思维的方法，尝试完成创新活动实践。

任务情境

赵雨是一名大学三年级的学生。随着学业不断深入，他发现自己在课程学习和创业项目实践中遇到了一些挑战。最主要的问题是在进行小组讨论或课堂发言时，感到自己的思维不够活跃，很难快速联想到不同的解决思路或提出多角度的分析。在进行案例分析、市场策划或参与创业比赛时，也难以提出具有创新性的营销方案或解决方案。为了克服这些问题，赵雨意识到他需要培养和提升自己的创新思维能力，以更好地适应快速变化的市场环境，提高自己的问题解决能力和创造力。

知识储备

创新思维不是某一种单一的思维模式，而呈现出复合性、多样化特点。他们各具特点，都在创新活动中发挥着各自的独特作用。

创新思维不是某种单一的思维模式，而是一种复合性和多样化的认知活动。它包括多种不同的思维方式和方法，每种都在促进新想法、解决问题和创造新事物中扮演着重要角色。这些创新思维的形式和特点共同构成了一个多层次、多维度的创新认知框架，使得个人和团队能够从不同角度和层次上探索和实现创新。通过结合这些不同的思维方式，可以更全面地应对挑战，创造出新颖且有效的解决方案。

— 知识点 1　创新思维的形式 —

创新思维形式多种多样，主要包括逻辑思维、联想思维、发散思维、聚合思维、逆向思维、形象思维和直觉思维等。

1. 逻辑思维

“逻辑”一词本指规律，现在的语义又特别指思维的规律。逻辑思维是指将思维内容联结、组织在一起的方式或形式，即通过思维将独立的概念按照一定的规律和方式组织起来，从而理解和掌握，达到认识的目的。

逻辑思维的基本单元是概念，基本思维方法是抽象（逻辑思维因此也叫抽象思维），基本表达工具是语言和符号。逻辑思维具有规范、严密、确定和可重复的特点。

逻辑思维（图 2-2）是人运用概念、判断、推理等思维来反映事物本质与规律的认识活动；是思维主体把感性认识阶段获得的对于事物认识的信息抽象成概念，运用概念进行判断，并按照一定的逻辑关系进行推理，从而产生新的认识活动。人类凭借逻辑思维来掌握并使用规律，因此，创新离不开逻辑思维。

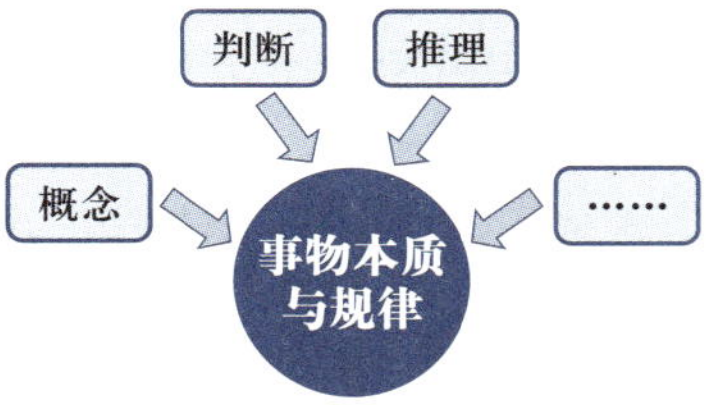

图 2-2　逻辑思维示意图

2. 联想思维

联想思维（图 2-3）是指在人脑内的记忆表象系统中，由于某种诱因使不同表象发生联系的一种思维活动。通过创新思维的联想性，我们可以利用已有的发明进行创新，比如将各种工具组合为瑞士军刀；也可以根据已有的经验进行创新，比如由吊椅产生灵感发明的斜拉桥。

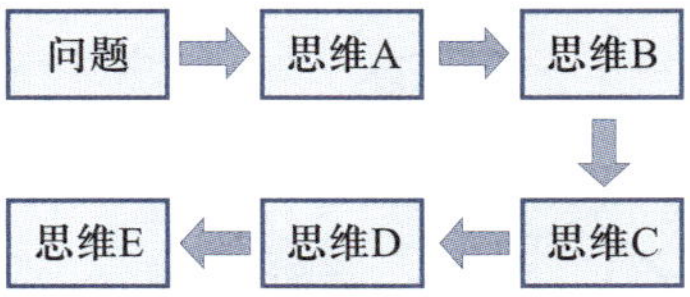

图 2-3　联想思维示意图

联想思维具有以下三个特点。

（1）连续性。连续性是指联想思维总是由此及彼，连绵不断。联想没有固定的思维方向，可以令思维不受逻辑的制约，进行天马行空的自由联系。

（2）形象性。由于联想思维是具体化的思维，其基本的思维操作单元是表象，是画面与场景，因此，联想思维十分生动，具有鲜明的形象。

（3）概括性。联想思维可以快速产出思维结果，是一种把握整体的思维操作活动，因此有很强的概括性。

3. 发散思维

发散思维（图 2-4）又称扩散性思维、辐射性思维，指以问题为中心，从多种角度、方向去设想、探求答案，最终使问题获得圆满解决的思维方法。

发散思维高度开放、高度自由，不受逻辑、常识等条件的制约和限制，具有流畅性、变通性、独特性和多感官性四个特点。

（1）流畅性。流畅性是指发散思维能在极短的时间内生成并表达出尽可能多的思维观念，以及能使思维主体较快地适应、消化新的思想。流畅性反映的是发散思维的速度和数量特征。

（2）变通性。变通性就是发散思维能克服人脑中固有的思维框架，从新的角度和方向来思考问题。变通性需要借助横向类比、跨域转化、触类旁通等方式，使思维沿着不同的方向扩散，表现出多样性和多面性。

（3）独特性。独特性是指从同一问题展开思维，思维主体使用发散思维能够做出不同寻常的、异于他人的新奇反应。独特性是发散思维的最高目标。

（4）多感官性。多感官性是指发散思维不仅需要借助视觉和听觉，还需要充分利用其他感官来接收信息。如果思维主体能够想办法激发兴趣，产生激情，把信息情绪化，赋予信息以情感色彩，便会提升发散思维效果。

4. 聚合思维

聚合思维（图 2-5）也称辐合思维、集中思维、收敛思维等，是一种有方向、有范围、有条理的思维方式，是指将驳杂纷繁的信息向同一中心问题联系，从而得到中心问题的解决方法。人们要创新，就必须善于从复杂多变的事物之中，去发现其中包含的共性因素，即找出事物间的结合点。

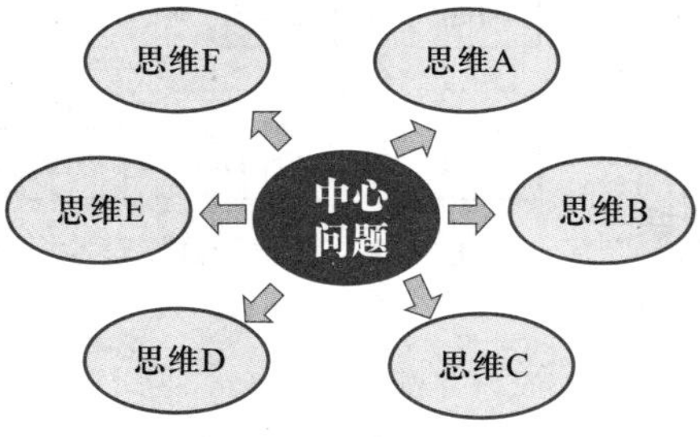

图 2-4 发散思维示意图

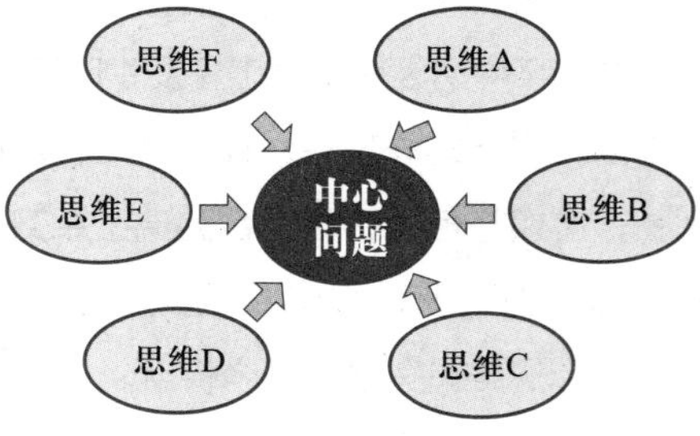

图 2-5 聚合思维示意图

聚合思维具有集中性和最佳性两个特点。

（1）集中性。集中性是指聚合思维能够将独立、繁多的各种信息集中与要解决的中心问题相关联，所有思维都共同指向中心问题，为解决中心问题服务。

（2）最佳性。最佳性是指聚合思维是综合各种与中心问题有关的思维与信息，最终寻找到最适合、最优的解决中心问题的方法。

5. 逆向思维

逆向思维即“反其道而行之”，是对常见的、已成定论的事物或观点进行反向思考的一种思维方式，因为出发点的不同，很容易得到有新颖性的思维成果。逆向思维分为以下四种类型，它们都对创新有重大意义。

（1）结构逆向思维。结构逆向思维是指从已有的事物的逆向结构形式中去设想，以寻求解决问题的新途径的思维方法。例如，有一种不粘锅炊具就是将电发热部件从锅底移到了顶上，从上加热避免食物糊锅。

（2）功能逆向思维。功能逆向思维是指从原有事物相反功能方面去设想，以寻求解决问题的新途径的思维方法。例如，“反复印机”的出现，使得复印过的纸张可以再次被染白，从而可重新用于复印。

（3）状态逆向思维。状态逆向思维是指人们根据事物某一状态的逆向方面来认识事物，以引导创造发明的思维方法。例如，司马光砸缸就是将“救人离水”的理念改为“放水离人”。

（4）因果逆向思维。因果逆向思维是指对有关事物之间因果关系的认识做交换性思考，由结果推导原因的思维方法。例如，法拉第通过“电生磁”现象想到是否会“磁生电”，于是发现了电磁感应现象，进而发明了发电机。

6. 形象思维

形象思维是基于对直观形象和表象认识的思维过程，属于人的本能思维，具有普遍性。在日常的生活、学习和生产活动中，形象思维一直起着重要作用。没有形象思维，人类就无法形成对事物的感性认识，也就无法应用逻辑思维从中抽象出概念，形成理性认识，可以说形象思维是思维的起点。

形象思维具有形象性、想象性和粗略性三个基本特点。

（1）形象性。形象性是形象思维最基本的特征。形象思维所反映的对象是事物的形象，是从形象上来认识和把握所研究对象的本质和规律。形象思维的形象性使它具有生动性、直观性和整体性的优点。

（2）想象性。想象是指思维主体运用已有的形象，进而形成新形象的过程。形象思维在建立对事物的认识和形象时，会不自觉地对其形象进行想象地加工，从而产出一个基于事物客观形象又不同于客观形象的新形象。因此，想象性使形象思维具有创造性的优点。

（3）粗略性。形象思维对问题的反映往往是原始的、感性的，对问题的把握是大体上的，问题的分析是定性的或半定量的，所以其思维成果呈现出明显的粗略性特点。

7. 直觉思维

直觉思维是指不受逻辑约束，在无客观联系的信息之间直接建立联系，从而掌握事物本质的一种思维形式。如所谓的“灵机一动”和“茅塞顿开”，甚至对未来有“预感”或“预言”等，都是直觉思维的表现。直觉思维主要有简约性、独创性、突发性三大特点。

（1）简约性。直觉思维是从整体上考察思维对象，调动思维主体全部的知识经验，通过丰富的想象作出的敏锐而迅速地假设、判断或猜想。直觉思维在思维过程上高度简化，但却能清晰地触及事物的“本质”。

（2）独创性。直觉思维是对研究对象整体的把握，不囿于细节推敲，呈现出与逻辑思维相反的思维运作模式。由于直觉思维的无意识性、随意性和灵活性，所以直觉思维极其丰富与发散，能使人的认知结构向外无限地扩展，具有反常规的独创性。

（3）突发性。直觉思维的思维过程极短，其所获得的结果是突如其来的。人们对某一问题苦思冥想，往往不得其解，反而容易在不经意间顿悟问题的答案，这就是直觉思维的成果。

实例分析 2-5

鲁班发明锯的故事

相传，在建造一座巨大宫殿时，鲁班和徒弟们需要大量木料，但他们只能用斧头砍木，效率十分低。一次偶然的机会，鲁班发现一种野草的叶子两边长着许多小细齿，十分锋利，他的手就是被这些小细齿划破的。他又看到一条大蝗虫在一株草上啃吃叶子，它的口器上同样排列着许多小细齿，蝗虫正是靠这些小细齿来咬断草叶的。

这两件事给了鲁班很大启发，他用大毛竹做成一条带有许多小锯齿的竹片，并在小树上进行试验，结果十分成功。但由于竹片较软，强度较差，不能长久使用，鲁班想到了铁片，并请铁匠帮忙制作带有小锯齿的铁片。最终，鲁班和徒弟们用这种新工具轻松地锯断了树木，锯子就这样诞生了。

思考：鲁班在发明锯的过程中都体现了哪些思维形式？

—— 知识点 2 创新思维的过程 ——

美国心理学家华莱士在 1926 年出版的《思想的艺术》一书中提出了创造性思维过程

的四个阶段论。

1. 准备阶段

这是创新思维活动的第一阶段，主要是收集和整理资料，储存必要的知识和经验，准备必要的技术、设备及其他有关条件等。对于任何领域的创造，都必须首先对前人在这个领域内所积累的知识和经验有比较完全的了解，必须对必要的基础和专业知识进行深入学习。例如，爱迪生为发明电灯，所收集的有关资料据说竟写了 200 本笔记，总计达 4 万页之多。

2. 酝酿阶段

这一阶段主要对前一阶段所获得的各种资料、知识进行消化和吸收，明确问题关键所在，并提出解决问题的各种假设与方案。

在这个阶段中，有些问题虽然经过反复思考、酝酿，但仍未获得圆满解决，常常出现想不下去的现象。这些问题会不时地出现在人们头脑中，甚至转化为潜意识，为第三阶段打下基础。

3. 顿悟阶段

顿悟阶段也称豁朗阶段。经过前一阶段的充分酝酿，在长时间的思考后，思维常常会进入“豁然开朗”的境界，这种现象心理学上称为“顿悟”或“灵感”。灵感的出现无疑对问题的解决十分有利，然而，灵感是在上一阶段的长期思考的基础上产生的，没有苦苦的“过量思考”，灵感是决不会到来的。

4. 检验阶段

检验阶段也称表现阶段。把前面所提出的假设、方案，通过理论推导或者实际操作来检验它们的正确性、合理性和可行性，从而付诸实践。

通过检验，很可能会把原来的假设方案全部否定，也有可能做部分地修改或补充。因此，创新思维常常不可能一举就获得完满的成功。

在生活中，有时候我们越想把某件事情干好，可就是跳不出传统思维的圈子，找不到突破口，事情就越干不好。如何打破常规思维，发展创造性的思维，是 21 世纪知识经济时代中我们每一个人都应该深思的问题。

实例分析 2-6

旱冰鞋的产生

有一个对滑冰有浓厚兴趣的小职员，由于工作中长期坐着导致腰酸背痛，他发现滑冰是一种缓解疲劳的好方法。但因为季节限制，冬季过后就无法再滑冰了，这让他感到非常困扰。为了解决这个问题，他开始思考如何能在冬天以外的季节也能享受滑冰的乐趣。

通过联想自己脚上穿的鞋和能够滑行的轮子，小职员在脑海中构建了一个“能滑行的鞋”的概念。他将这个概念付诸实践，经过多次设计和试验，最终成功制造出了一种适用于四季的“旱冰鞋”。这种鞋子保留了滑冰鞋的滑行功能，但又通过轮子的形式适应了不同季节的地面条件，使得人们不再受季节限制，可以随时随地享受滑冰的快乐。

思考：该职员制成“旱冰鞋”的思维过程是怎么形成的？生活中你有跟该职员一样的个人爱好吗？你觉得你能为此发明什么新奇有趣的产品吗？

知识点 3　创新思维的训练方法

对大学生创新意识的培养重点是塑造其创新思维，让他们能够更加灵活地运用各种创意思考方法，去创造新事物与新的观点。要打破传统思维的惯性，只有在我们的工作实践中不断地训练，常见的创新思维训练方法有这么几种：

1. 一日一设想

每一份职业都还有很大的改善空间，尽管很多职业表面上看，已经很成熟了，似乎没有改善的空间了。其实，你只要用心观察和认真思考，它仍然有许多不完善的地方，最主要的是要以问题为导向，以目标为导向，或者把以问题为导向和以目标为导向相结合。坚持每天一个设想，三周以后创新思维的习惯就能初步养成。

2. 想象截留法

想象包括了梦想、联想、幻想等，想象力是一切创造的原动力，有时候，一个好想法在我们大脑中转瞬即逝，我们应该马上拿起笔把它记下来，然后再去评估它的价值，长期以往，定有回响。

3. 角色互换法

角色互换法是在对方立场上去思考的一种方法，为什么我们常常被小说、电视剧的故事情节及主人公的行为所感动呢？是因为我们无意中把自己放进了故事中，把自己假想为主人公了。如果你是销售员，请你假想一下如果自己是顾客，会有什么需求，如果你是老师，你可以把自己当成学生，想象一下自己渴望老师做些什么。

4. 相似构想法

相似构想法是用形体相似的东西来刺激自己产生构想的方法，生活中很多东西的发明创造，都是从动物身上找到了灵感，所以平时要善于观察和思考，通过自然界的各种现象来激发各种构想与创意。

5. 逆向思考法

逆向思考法是从相反的方向来思考问题，例如一般的企业都是按供应——生产——销售的流程来安排生产经营活动，丰田公司却把生产流程倒过来，从最后一道工序开始一直推到第一道工序，这样一来下一道工序就是上一道工序的顾客，不可能接受不合格的产品。

技能训练

【训练说明】

只有在我们的工作实践中不断地训练，才能打破传统思维的惯性，培养创新意识与思维。

① 尝试使用各种创新思维的方法。

② 寻找最适合自己的创新思维方法。

【训练实施】

请按以下创新思维的方法，结合自身兴趣点，分别设计创新思维培养计划，填入表 2-1。

表 2-1　创新思维培养计划

创新思维方法	计划执行情况	自我评价
① 一日一设想。每一份职业都还有很大的改善空间，尽管很多职业表面上看已经很成熟了，似乎没有改善和提高的空间。但是，你只要用心观察和认真思考，就会发现它仍然有许多不完善的地方，最主要的是要以问题或目标为导向，或者把两者相结合。坚持每天一个设想，三周以后创新思维的习惯就能初步养成		
② 想象截留法。想象包括了梦想、联想、幻想等，想象力是一切创造的原动力，一个好想法往往在我们大脑中转瞬即逝，因此我们应该马上拿起笔把它记下来，然后再去评估它的价值，长此以往，定有回响		

续表

创新思维方法	计划执行情况	自我评价
③ 角色互换法。角色互换法就是站在对方立场上去思考的一种方法，为什么我们常常被小说、电视剧的故事情节及主人公的行为所感动呢？这是因为我们无意中把自己放进了故事中，将自己假想为主人公了。根据角色互换，可以培养创新思维		
④ 相似构想法。相似构想法就是用形体相似的东西来刺激自己产生构想的方法，生活中很多发明创造是从动物身上找到的灵感(如雷达的发明受到蝙蝠回声定位的启发)，所以平时要善于观察和思考，通过自然界的各种现象来激发各种构想与创意		
⑤ 逆向思考法。逆向思考法就是从相反的方向来思考问题，如一般的企业都是按“供应—生产—销售”的流程来安排生产经营活动，丰田公司却把生产流程倒过来，从最后一道工序开始一直推到第一道工序，这样一来下一道工序就是上一道工序的顾客，不可能接受不合格的产品		

任务小结

① 创新思维的形式：涵盖了逻辑思维、联想思维、发散思维、聚合思维、逆向思维、形象思维及直觉思维等多种表现形式。这些思维形式相互交织、共同作用，为我们的创新活动提供了广阔的思考空间和无尽的可能性。

② 创新思维的过程：通常经历四个主要阶段。首先是准备阶段，这一阶段主要是收集信息和整理知识，为创新活动奠定基础；接着是酝酿阶段，此时大脑在潜意识层面进行信息的整合与重组，孕育创新的种子；然后是顿悟阶段，突然之间灵感闪现，创新的想法得以成形；最后是检验阶段，对创新成果进行验证和修正，确保其可行性和有效性。

③ 培养创新思维的方法：一日一设想：每日提出一个新设想，锻炼思维的活跃性；想象截留法：运用想象截留法，捕捉脑海中闪现的创意火花；角色互换法：通过角色互换法，从不同角度审视问题，拓宽思维视野；相似构想法：采用相似构想法，将不同领域的知识与经验相融合，激发新的创意；逆向思考法：运用逆向思考法，打破常规思维，寻找问题的新解法。这些方法各有特色，相互补充，共同助力我们培养并提升创新思维。

任务 3　突破创新思维障碍

任务目的

① 能够了解创新思维障碍的类型。

② 能够克服创新思维障碍，开发创新潜能。

【新知预览】突破创新思维障碍

任务情境

陈晨是一位大学二年级的学生，很喜欢与团队一起合作设计新产品。尽管她对项目开发有着浓厚的兴趣，但她最近在面对可能的创新机会时，往往因为害怕失败而选择保守的方案，这限制了她的创新能力和试验新思路的勇气。同时，因缺乏多学科思维，常常忽视用户体验、产品设计和市场趋势，这使得她们团队策划的产品缺乏创新性和市场竞争力。为了解决这些问题，陈晨开始寻找能够帮助她认识并克服内在思维障碍的方法，希望提高自己对新技术和新理念的接受度，增强跨学科的思维能力，并在团队合作中更加开放和包容。

知识储备

青少年时期是人生历程中最充满想象和创新热望的阶段，不论是逻辑思维、发散思维还是逆向思维、聚合思维，其实大部分人都具备应用这些创新思维解决问题的潜在天赋，却只有少数人成功地将这些创新天赋转化为创新成果。这大多因为我们固有的思维模式给创新思维地运用设置了诸多障碍。我国著名数学家华罗庚说："独立思考能力是科学研究和创造发明的一项必备才能。在历史上任何一个较重要的科学上的创造和发明，都是和创造发明者的独立地深入地看问题的方法分不开的"。因此，同学们要坚持思考，在不断深入思考的过程中找到灵感和创新的新方向。

— 知识点 1　思维定势的分类 —

思维定势是指固定的思维模式，思维定势简化了思维的过程，按照既定模式进行思维可以快速得到成果，每个人在生活中都会使用思维定势。但是思维定势又是创新的障碍，过度依赖思维定势会使人不再对思维对象进行全方位的深入认识，也不会对客观规律进行探求和使用，从而丧失创新的能力。通常，人们会受到以下 4 种思维定势的影响。

1. 权威定势

权威是指在某种范围里最有地位的人或事物，也可指他们在自己范围内的言论和观点，这些“权威”的人或观点因为其过往的成就或有使人信从的力量和威望，所以人们往往自愿地服从和支持权威，以权威为判断事物的标准。

人们在生活中所遇到的权威通常有以下三类。

（1）信仰权威。信仰权威是指人们出于信仰所服从的权威，又分为教条的权威与教士的权威。

（2）教育权威。教育权威是指人们因受到的教育所信服的权威，如学生往往慑服于教师的权威。

（3）专业权威。专业权威是指人们由于在某领域的知识和技能不足，而信服在该领域知识与技能的领先者。

权威在一定程度上指导了人们的生活，自有其独特的价值，但是权威也有其不足与错误之处。如果单纯“以权威之是非为是非”，陷入迷信权威的“权威定势”，就会限制自身思维的拓展，失去许多创新的可能性。如爱迪生曾强烈反对交流电，要求完全禁止使用交流电。但其实现阶段，交流电的应用非常之广泛。

2. 从众定势

从众定势是个人受到外界人群行为的影响，而在自己的知觉、判断、认识上表现出符合公众舆论或多数人的行为方式。少数服从多数，一般不会出错。但从众的人往往缺乏分析，不作独立思考。不顾是非曲直的一概服从多数，随大流走，则是不可取的，是消极的“盲目从众心理”。从众主要表现在怕犯错误，怕失败以及怕担风险。虽然说真理掌握在少数人手里，但许多人很难跨越这一步，他们害怕成为少数人而被孤立。这种担忧在一定程度上是现实的。新事物通常是对既定秩序的威胁，会受到抵制，给创新者造成巨大的思想压力。在这些压力下，久而久之，便形成了从众型人格，而这种人格也会成为创新路上最大的障碍。

3. 唯经验定势

经验是人们在社会实践中，与客观事物直接接触时通过感觉器官获得的关于客观事物的现象和外部联系的认识。经验对人的行为具有指导作用，但是如果迷信经验的作用，排斥经验之外的方法，就陷入了“唯经验定势”，也称“唯惯性思维”，阻碍人们以新的方式和思维来解决遇到的问题。

同时，经验只是一种感性的、初步的认识，不具备客观规律一般的可靠性与普适性，在新的环境、条件下经验可能失灵，如“一分钱不花，一分钱不赚”就是一种常见的经验定势，认为只有节约才能致富。但是在一些情况下，过度的节约可能会导致错失商机，影响收益。又如“只有追求物质才能快乐”，但是在现代社会，精神追求和人际关系也是非常重要的，不能只看重物质。因此盲目的唯经验定势会导致人们的思维方式出现误差甚至被扭曲。

4. 书本定势

书本是人们获取知识、开拓视野的重要工具，是前人智慧的结晶，具有很高的可信度。书本定势是人们在思考问题时不顾实际情况，不加思考地对书本知识完全认同与盲从，而产生了一切从书本出发，以书本为纲的思维模式。当然，书本对人类所起的积极作用是显而易见的，但是，许多书本知识是有时效性的。随着社会发展，有些书本知识会过时，知识需要更新。所以当书本知识与客观事实之间出现差异时，受到书本知识的束缚，死死抱住书本知识不放，就会形成思想障碍，失去获得重大新成果的机会。

因此，大学生在学习书本知识时，一定要学会辩证地看待书中的观点，将理论与实践相结合，具体问题具体分析，善于通过归纳总结得出结论，而不是墨守成规，盲目认为书本上的内容都千真万确。

实例分析 2-7

有笼必有鸟

一位心理学专家与小王之间产生了一个有趣的赌注。他向小王提出挑战说：“如果你接受一个挂在你房间中的鸟笼，最终你会不得不买一只鸟来放在里面。”

小王接受了这个看似无害的挑战。心理学家随后赠送了一只精美的鸟笼给小王，小王将其摆放在客厅桌旁显眼的位置。然而，随着访客的到来，他们看到空荡荡的鸟笼后，纷纷带着疑惑和好奇问道：“小王，你的鸟儿怎么了？它什么时候离世的？”

小王马上澄清说：“我从未有过养鸟的经历。”

“那么，你为何要摆放一个空鸟笼呢？”人们不解地追问。

小王发现自己每次自己都难以给出非常合理的解释。

随着时间的推移，每个到访小王住处的人都提出了同样的问题，这种反复的质疑使得小王感到心烦意乱。为了停止这些连续的提问，并恢复生活平静，小王终于决定购买一只鸟，并将其放入了之前一直空着的鸟笼中。

思考：小王为什么最后买了一只鸟？案例中呈现了哪种思维障碍？

— 知识点 2 思维偏见的分类 —

老子说:“知人者智，自知者明”。这是说能了解他人的人是智慧的，能清醒地认识自己、对待自己，这才是最聪明的，最难能可贵的。在现实生活中，人类的大脑不是不会出错的机器，尽管它有很强大的能力，但也会有出错的时候。心理学上称这种错误为“偏见”。思维偏见是思维主体因为各种原因无法认识到事物的本质，只能认识其片面的表象，而建立在对事物错误认知上的创新往往是无法成功的。思维偏见主要包括经验偏见、沉锚效应、利益偏见和位置偏见等。

1. 经验偏见

经验使我们昂首否定，经验也让我们低头认错。经验偏见是一种常见的思维偏见，指人们在需要对一个新的事物做评判时，只依据自己经验来思考，全然不顾经验是否适用于这个新事物，就先入为主地给这个新事物打上标签。而面对一些用自己的经验无法解释的情况时，人们就会难以接受。

在创新活动中，经验偏见会导致创新者的思维局限于自身已有的认知和经验中，甚至对新鲜事物产生错误的判断，影响创新成果的产出。

2. 沉锚效应

通常来讲，人们在作决策时，思维往往会被得到的第一信息所左右，就像沉入海底的“锚”一样，把你的思维固定在某处。而用一个限定性的词语或规定作行为导向，达成行为效果的心理效应，被称为“沉锚效应”。人们在平时生活与消费决策中，习惯于根据某一个初步的资料来预测评估事件。对某一特定对象作出评估或者预测会选定一个起始点或者参考点，并且通过可能获得的反馈来调整自己初始时刻的决策。这个过分被重视的信息就是“锚”。

人们的思维一旦受到“锚”的影响，无论其数据是否夸张、前例是否有实际参考价值，都会对人们的认知、判断和决策产生决定性的影响。因此，沉锚效应使单一信息被过分重视，相对就会导致其他信息被忽视，这就使思维的开放度大大降低，对创新极为不利。

3. 利益偏见

利益偏见是指对公正所产生的一种无意识的微妙偏离，其主要特征为无意识性和偏离性。但是如果因存在利害关系而有意识地作出明显不公的判断，即与公正产生明显的偏差，则不属于利益偏见，且可以看作是有意识地争取权益、规避风险。

利益偏见是一种超越理性的、无形中由自身立场所导致的观点偏移，而非由于维护自身利益而有意识的明显偏颇。比如，许多工业企业都会质疑其他企业的生产工艺和产品质量；每个销售渠道的主导者，都不屑于其他销售渠道的行为等，都是典型的利益偏见。

利益偏见是无意识的、微妙的，是一种隐蔽的偏见。其普遍的情况是所谓的“鸡眼思维”，也就是马克思所说的：“愚蠢庸俗、斤斤计较、贪图私利的人总是看到自以为吃亏的事情”。譬如，一个毫无修养的粗鄙之人常常只是因为一个过路人踩到了他的鸡眼，就把这个人看作世界上最可恶的坏人。

4. 位置偏见

每个人都有自身所处的位置，行业、地域、年龄、性别等因素共同构成了人的社会位置，人们倾向于从自己的位置出发去认识事物，往往导致只能得到单方面的认识结果，难以认识事物的全貌。在一些情况下，位置还会对人的认识产生干扰，如“不识庐山真面目，只缘身在此山中”就是因为位置原因而无法认识“庐山”的本质。

实例分析 2-8

小海浪与大海浪

在一则寓言中，描绘了微小的海浪与浩瀚的大海浪之间的对话：

小海浪疑惑地问：“人们总是提到‘海’，但海究竟是什么？它究竟在何处？”

大海浪温柔地回答：“你四周的一切，便是海。”

小海浪困惑地追问：“但我为何看不见它？”

大海浪解释说：“海既在你内心深处，也环绕在你四周。你从海中诞生，最终回归于海。海无时无刻不包围着你，就如同你自己的身体一般。”

思考：从这则寓言中你能得到什么感悟？

—— 知识点 3 创新思维束缚与克服对策 ——

上述讲到的思维定势与思维偏见都是思维障碍。只有不断突破这些障碍，创新思维才会喷涌而出，最终实现创新，产出创新成果。大学作为人生历程中最充满想象和创新热望的阶段，更应该突破思维定势、拓展思维视角、突破知识障碍，开启潜在的创新思维。

1. 突破思维定势

思维定势使人们的思维受到限制，影响创新活动。在创新过程中，大学生应该有意识地突破思维定势，充分运用创新思维，才能最终取得创新的成功。

在创新过程中，大学生遇到问题时从以下 5 个角度来考虑可以有效防止思维定势：这个问题还能用其他方式来表示吗？可否将问题颠倒过来，从结果反推原因？能不能用另一个问题来替换目前的问题？能否将这个问题转化为若干个简单问题？能否将这个问题转换为自己熟悉的问题？

2. 拓展思维视角

偏见的产生往往是因为“视角”的局限，“视角”是指思考问题的角度、层面、线索或立场。从单一视角出发往往只能得到对事物的片面认识，无法探求到其内在规律，而创新思维则要求思维主体对事物的本质和规律有一定的认识。因此，拓展思维视角可以有效地打破思维偏见。拓展思维视角可以从以下四个方面着手。

（1）推翻自身认识。在认识事物时必然带有自身的视角，这个自身视角使思维主体对事物有了初步的认识，但往往这个“第一印象”过于强大而导致认识固化。推翻这个从单一视角得到的认识是拓展思维视角的第一步，只有在脑中腾出了“空间”，从其他视角对该事物的认识才能“住进来”。

（2）从反方面出发。以与自己视角相反的视角去认识事物，如果自己从个体出发，就有意识地从整体来考量该事物；如果自己对事物的认识是基于当下的，就有意识地从过去或未来的情景来对该事物进行设想。

（3）两面性分析。任何事物都有两面性，同时存在两种互相矛盾的倾向，通过思考其对立处，如优点和缺点、好的影响和坏的影响等，可以对事物有更加充分的认识。

（4）系统认识。事物并不是孤立存在的，而是存在于一个自洽的系统中。要想全面、准确地认识事物，就需要放到其所在的系统中进行考量。

3. 突破知识障碍

创新思维的障碍在很大程度上来自于知识的障碍，正是由于对事物本身不了解，所以才会寻求于权威、他人、书本、经验，试图来取得对事物的认识。为了突破知识障碍，现在社会推行“减负”，让学生可以跳出课本看问题。但必须明确的是，减轻学生的负担，是要减少学生那些因简单机械而又无效重复的作业带来的负担，而不应减少对知识的学习。为了突破知识的障碍，需要培养大学生对知识的兴趣、引导大学生广泛学习知识、运用知识，这样才能有效地突破知识障碍。在此基础上，对知识进行加工或重组，才能刺激更多创新活动和创新成果产生。

技能训练

【训练说明】

邀请两位同学上台，其中一位朗读一则小故事，另一位听到“站”字坐下，听到“坐”和“座”字站起来。做错次数少的同学获胜。通过趣味小游戏，训练学生克服思维障碍。

【训练实施】

步骤一：随机邀请两位同学上台，摆好一张椅子。

[基础任务] 提前摆好椅子，用于参赛挑战。

步骤二：其中一位同学阅读乘坐公共汽车的故事，另一位同学进行参赛。

[基础任务] 听到“站”字坐下，听到“坐”和“座”字站起来。做错次数少的同学获胜。

[游戏素材] 有一次，小明和妹妹乘公共汽车，上车后，小明发现一个空座位，他丢下妹妹赶紧跑过去坐下。这时，过来一位老奶奶，她扶着拉手，站在小明身边。妹妹对小明说：“哥哥，你看你，你坐着奶奶站着，多不好啊。你赶快站起来，让奶奶坐吧。”小明挨了批评，心里很不高兴，赌气说：“你让我站着，我就偏不站，我就要坐。”老奶奶听了笑笑说：“没关系，你坐吧，我不坐。”妹妹站在小明身旁气得撅起了小嘴，说：“你真不懂礼貌，我再也不愿站在你旁边了。”这时，汽车到站了，那位奶奶下了车。望着老奶奶远去的身影，小明的心里很不是滋味，他觉得自己是错了，情不自禁地站起来，悄悄地离开了那个座位，嘴里自言自语地说：“哎，怎么搞的，坐和站，站和坐，坐坐站站，站站坐坐，坐站坐站，站坐站坐，到底是站还是坐，今天我怎么糊涂了？”

步骤三：各小组评分。

[基础任务] 根据各小组表现，进行评分，填入表 2-2。

表 2-2 小组打分表

组名	挑战情况描述	评分

续表

组名	挑战情况描述	评分

步骤四：反思与提升。

[基础任务] 小组内进行讨论和总结，将在活动中发现的问题进行评价，填入表 2-3。

表 2-3 评 价 反 思

你在挑战的时候，遇到了哪些思维障碍，最终是如何克服的，对你有哪些启示

任务小结

① 思维定势的表现形式：包括权威定势、从众定势、唯经验定势以及书本定势。这些思维定势在一定程度上限制了人们的思维活动，阻碍了创新思维的发展。因此，我们需要努力克服这些思维定势，保持开放和灵活的思维状态，以更好地应对复杂多变的世界。

② 思维偏见主要表现为：经验偏见、沉锚效应、利益偏见以及位置偏见等。这些思维偏见不仅会影响我们的决策和判断，还可能阻碍我们的创新思维和发展。因此，我们需要时刻保持警惕，努力克服这些偏见，以更加客观、全面的视角看待问题。

项目三

研习创新方法要领

学习目标

知识目标

① 理解头脑风暴的原理、适用范围。

② 理解思维导图的内涵、要素。

③ 理解曼陀罗法的内涵、类型。

能力目标

① 掌握头脑风暴法的实施。

② 掌握思维导图的绘制。

③ 掌握曼陀罗法的应用。

素质目标

① 具有良好的创新意识。

② 具有良好的团队合作意识，能够积极融入团队，参与活动。

导师寄语

在 2024 年央广网财经年会上，一场围绕“创新驱动 活力中国”主题的深度研讨热烈展开，院士专家及新兴产业企业代表碰撞智慧火花，生动揭示了中国经济在稳中求进、高质量发展道路上展现出的光明前景。多位专家认为，2024 年经济发展的积极因素有望进一步累加，在党中央高度重视创新、前瞻谋划新质生产力培育的引导下，中国经济值得期待。

学习地图

- 项目三 研习创新方法要领
  - 任务1 掌握头脑风暴法
    - 知识点1 头脑风暴法概述
    - 知识点2 头脑风暴法的适用领域
    - 知识点3 头脑风暴法的类型
    - 知识点4 头脑风暴法的应用
  - 任务2 掌握思维导图法
    - 知识点1 思维导图法概述
    - 知识点2 思维导图法的适用领域
    - 知识点3 思维导图法的类型
    - 知识点4 思维导图法的应用
  - 任务3 掌握曼陀罗思考法
    - 知识点1 曼陀罗思考法概述
    - 知识点2 曼陀罗思考法的适用领域
    - 知识点3 曼陀罗思考法的类型
    - 知识点4 曼陀罗思考法的应用

任务 1　掌握头脑风暴法

任务目的

① 了解头脑风暴法的起源与发展。
② 掌握头脑风暴法的内涵和优缺点、适用领域。
③ 能够组织实施头脑风暴会。

【新知预览】
头脑风暴法

任务情境

大学生小张和他的创业团队成员们面临着一个重要的任务，那就是为即将到来的创业比赛策划一个具有创新性和可行性的项目。小张和他的团队成员们想要打破常规思维的束缚，于是小张鼓励大家畅所欲言，不受任何限制地提出各种奇思妙想。为了充分激发团队的创意灵感，他们决定采用一种非常有效的方法——头脑风暴法。

知识储备

爱尔兰剧作家萧伯纳曾言："倘若你有一个苹果，我也有一个苹果，而我们彼此交换，那么你和我仍然是只有一个苹果。但是倘若你有一种思想，我也有一种思想，而我们彼此交流，我们每个人将各有两种思想"。创新从何而来？可以来自冥思苦想之后的茅塞顿开，也可以来自外部刺激所激发的灵感。在工作、生活中往往存在个人、他人、集体三种萌生创意的源泉。来自个人的创新关键在于超越自己，更准确地说是超越过去的自己，这是最困难的事情之一。来自他人的创新就是超越他人，站在别人的肩膀上，以求看得更远。学习，借鉴，再到思考，提出"怎样做得更好"的创意，这种方法即便对不习惯创新性思维的个人也是适用的。

—— 知识点 1　头脑风暴法概述 ——

1. 头脑风暴法的内涵

头脑风暴法（brain storming，BS）又称自由思考法，是由美国创造学家奥斯本于 1939 年首次提出、1953 年在《应用想象学》一书中正式发表的一种激发性思维的方法。

它是指一组人员通过召开特殊的专题会议形式，对某一特定问题，与会成员之间互相交流、互相启迪、互相激励、互相修正、互相补充、集思广益，从而达到产生大量新设想的集体性发散技法，如奥斯本智力激励法、默写式智力激励法、卡片式智力激励法等。通过群策群力、相互激励、相互补充，引起思维“共振”，产生出新理念、方案、创意等。中国俗话说，“一个好汉三个帮”，头脑风暴法的中国智慧则表现在集思广益。

2. 头脑风暴法的优势和局限性

头脑风暴法能有效激发参与者的想象力，有助于发现新的风险和全新的解决方案，让主要的利益相关者参与其中，便于全面沟通，且速度较快并易于开展。但也存在一定的局限性，例如，实施成本较高，要求参与者有较好的素质，且参与者可能因缺乏必要的技术及知识，无法提出有效的意见。同时，由于头脑风暴法相对松散，因此较难保证过程的全面性。在头脑风暴进行过程中，可能会出现特殊的小组情况，导致某些有重要观点的人保持沉默而其他成员成为讨论的主角，这些因素是会影响头脑风暴法实施的效果。

3. 头脑风暴法的基本原则

（1）敢于自由奔放地思考

使用头脑风暴法，要求与会者尽可能解放思想，无拘无束地思考问题并畅所欲言，不必顾虑自己的想法或说法是否“离经叛道”或“荒唐可笑”；欢迎自由奔放、异想天开的意见，必须毫无拘束，广泛地想，观念愈奇愈好。

1901 年，一位火车上的清洁工，看到风吹着灰尘到处跑。反转了此过程后，发明了吸尘器。通常，我们上下楼梯的时候，是人在动、楼梯不动。反过来，使楼梯动、人不动，就出现了电梯。一般的汽车公司都是从人体工学的角度出发，让工程师发明更好的零件。日本汽车公司的技术人员则一天到晚跑到大超市，看普通消费者如何使用汽车。他们注意到，很多人在购物后，拎着大包小包，开车门时很不方便，于是发明了汽车遥控钥匙。

（2）进行会后评判

禁止与会者在会上对他人的设想评头论足，排除评论性的判断。至于对设想的评判，留在会后进行，也不允许自谦。不要评估好与坏，不要挑毛病（暗示或启发越不按牌理出牌越好），评估要留在会后进行，如果受到批评，与会者想说的话可能就不会说了。常见的 8 项忌讳的语句包括：太新奇了；不实际；没意义（无聊）；无法成功；不符合目的；成本会增加；不合道理；想法陈旧。

（3）以量求质

鼓励与会者尽可能多地提出设想，以大量的设想来保证质量较高的设想的存在，设想多多益善，不必顾虑构思内容的好坏。

（4）见解无专利

鼓励借鉴别人的构思，借题发挥，根据别人的构思联想另一个构思，即利用一个灵感引发另外一个灵感，或者把别人的构思加以修改。例如，计算机显示器的屏幕保护 / 幻灯播放功能，激发了“电子相框”的发明。根据飞机尾翼的设计概念，设计出了跑车的尾翼。根据砸地锤的原理，发明了可以调节速度与力度的按摩器。娃哈哈在某地考察饮料市场时，发现当地有款去除发酵环节的啤酒，主要消费者是妇女和儿童，回公司后立即发明了适合学生族、上班族和开车族的啤儿茶爽。

实例分析 3-1

“游戏 +”如何赋予游戏更多文化内涵

在广州举行第六届文创产业大会·天河峰会分论坛“游戏里的中国——数字时代的文化突围”主题论坛，探讨并展示游戏与传统文化创新融合、游戏与科技、游戏出海等话题和生动案例，助力游戏行业加快向高质量发展转变。

目前，不少游戏企业逐步尝试和推动游戏内容和传统文化的融合，各类蕴含传统文化元素的游戏脱颖而出。游戏企业在产品中打造独具特色的角色人物、推出融合传统文化的游戏皮肤，将古琴、粤剧、彩灯、木雕等非遗项目以各种形式融合，进一步增强了游戏产品的文化特色。传承和弘扬中华优秀传统文化，逐渐成为国产游戏的一大特色。

“游戏 +”传统文化打造了新时代的文化输出渠道，那么在“游戏 +”的赛道上，还可以有无限可能。

（资料来源：如何赋予游戏更多文化内涵？“游戏 +”头脑风暴在广州刮起 . 南方 Plus，2023.）

思考：除了课堂讨论外，还有哪些情况会经常使用头脑风暴法？

知识点 2　头脑风暴法的适用领域

在传统讨论会上，多数人可能会受到领导权威的影响，或因他人随意的评判，或者部分与会者沉默或不积极而导致自身无法产生新思路。而头脑风暴会能创造自由愉快、畅所欲言的气氛，相互启发、相互激励、引起联想，产生共振或连锁反应，诱发更多创意和灵感，促进所有参与者自由提出想法或点子，是一种有效的创新实践方法。但头脑风暴法并非能解决所有问题，有其行之有效的领域，必然也有低效之域。适合以及不适合头脑风暴法的问题范例如表 3–1、表 3–2 所示。

表 3–1 适合头脑风暴法的问题范例

问题类别	适合的理由	问题举例
产品的新观念及销售的新方法	需要从不同经验者获取大量的主意	陶瓷的新用途； 商业专利的新市场； 打造新的经营模式
排忧解难的计划	急需获得大量的注意、急需了解各种原因	实行新计划可能遇到的问题； 指出单位未来的需要
管理问题	需要各部门人员毫无顾忌地献计献策	改善工作的安全措施； 减轻库存损失的方法
程序改造	各种建议可以综合起来	各种价值分析练习； 如何改造大宗邮件寄法

表 3–2 不适合头脑风暴法的问题范例

问题类别	不适合的理由	问题举例
只有一个或少数几个对的答案	问题并非开放式的适用分析思考	谁该负责公司的样本
看起来只有一类答案的问题	会产生一大堆大而无用的解答	计算一下用何种化学原料才能产生良好的效果
极端分歧与复杂的问题	适合分析思考	公司应如何省钱；如何减少污染
主意会被决策者否决的问题	由背景互异的人参与比较合适	实验室应当搬到何处
高科技的问题需由类似经验者或专家才能解决的问题	错估参加者的影响力	如何产生一个可获得专利的新技术； 如何说服董事会获取更多经费

实例分析 3–2

头脑风暴会解决积雪难题

某年，某地的冬天格外寒冷，大雪纷飞，电线上积满冰雪，大跨度的电线常被积雪压断，严重影响通信。电信公司经理应用头脑风暴法，尝试解决这一难题。参加会议的是不同专业的技术人员，要求他们必须遵守以下原则：一是禁止批评别人的意见；二是提倡自由思考，天马行空、异想天开，越新奇越好；三是观点意见越多越好；四是引发联想，补充完善。大家七嘴八舌的讨论，如用电热来化解冰雪、用振荡技术来清雪、乘坐直升机去扫电线上的雪。其中，“坐飞机扫雪”的设想，大家心里尽管觉得滑稽可笑，但在会上也无人提出批评。相反，有一位工程师在百思不得其解时，听到用飞机扫雪的想法后，大脑突然受到冲击，一种简单可行且高效率的清雪方法冒了出来。他想，每当大雪过后，出动直升机沿积雪严重的电线飞行，依靠高速旋转的螺旋桨即可将电线上的积雪迅速扇落。他马上提出“用直升机扇雪”的新设想，顿时又引起其他与会者的联想，有关用飞机除雪的主意一下子又多了七八条。不到一小时，与会的10名技术人员共提出90多条新设想。会后专家论证电磁振荡在技术上虽然可行，但研制费用大、周期长，一时难以见效。那种因“坐飞机扫雪”激发出来的几种设想，倒是一种大胆的新方案，如果可行，将是一种既简单又高效的好办法。经过现场试验，发现用直升机扇雪真能起到作用，一个久悬未决的难题，终于在头脑风暴会中得到了巧妙的解决。

思考：如何在头脑风暴过程中分辨创新想法和无效想法？

—— 知识点3 头脑风暴法的类型 ——

1. 默写式智力激励法

默写式智力激励法，又称默写式头脑风暴法、“635”法。它是由德国学者鲁尔巴赫根据德国人善于沉思的性格，以及由于数人争着发言易使点子遗漏的缺点，对奥斯本头脑风暴法进行改造，创立的用书面畅述的方法。与头脑风暴法原则上相同，其不同点是把设想记在卡上。头脑风暴法虽规定严禁评判，自由奔放地提出设想，但有的人对于当众说出见解犹豫不决，有的人不善于口述，有的人见别人已发表与自己的设想相同的意见就不发言了。而默写式智力激励法可弥补这种缺点。实施步骤如下：

（1）与会的6个人围绕环形会议桌坐好，每人面前放有一张画有6个大格18个小格（每一大格内有3个小格）的纸。

（2）主持人公布会议主题后，要求与会者对主题进行重新表述。

（3）重新表述结束后，开始计时，要求在第一个5分钟内，每人在自己面前的纸上的第一个大格内写出3个设想，设想的表述尽量简明，每一个设想写在一个小格内。

（4）第一个5分钟结束后，每人把自己面前的纸顺时针（或逆时针）传递给左侧

（或右侧）的与会者，在紧接的第 2 个 5 分钟内，每人再在下一个大方格内写出自己的 3 个设想；新提出的 3 个设想，最好是受纸上已有的设想所激发的，且又不同于纸上的或自己已提出的设想。

（5）按上述方法进行第三至第六个 5 分钟，整个过程控制在 30 分钟左右，确保每张纸上写满了 18 个设想，6 张纸共 108 个设想。

（6）整理分类归纳这 108 个设想，找出可行的、先进的解题方案。

默写式智力激励法的优点是能弥补与会者因地位、性格的差别而造成的压抑，每个人都可以表达观点；缺点是过程中只能自己看和自己想，激励不够充分。

需注意的是，默写式智力激励法的进行过程中一般不能说话，思维活动可自由奔放。纸张可选取 A4 纸张，上面画有横线，每个方案有 3 行，分别加上 1 至 3 的序号。

2. 卡片式智力激励法

卡片式智力激励法，又称卡片式头脑风暴法。这种技法又可分为 CBS 法和 NBS 法两种，该法由日本创造开发研究所所长高桥诚根据奥氏智力激励法改良而成。特点是对每个人提出的设想可以进行质询和评价。NBS 法是日本广播电台开发的一种智力激励法。实施步骤如下。

（1）参加者对会前所提示的主题进行设想，并把设想写在卡片上，然后带入会场（每张卡片写一个设想，每人提出 5 个以上的设想）。

（2）会议时间为一小时。会上发给每人 50 张卡片，桌上放 200 张卡片备用。

（3）在头 10 分钟内，与会者独自在卡片上填写设想，每张卡片填写一个设想。

（4）接着用 30 分钟，按座次每位与会者轮流宣读自己的设想，一次只能介绍一张卡片（宣读时将卡片放在桌子中央，让大家能看清楚）。其他与会者可进行质询，也可将受启发所得的新设想填入备用卡片。

（5）最后 20 分钟，大家可以相互评价和探讨各自的设想，以便从中诱发出新设想。

（6）参加者发言完毕以后，将内容相似的卡片集中起来进行分类，并加上标题。

（7）分好类的卡片把标题列在最前头，横排成一列。

（8）主持人决定分类卡片的重要程度。

需注意的是，卡片式智力激励法成员 3 至 8 人为宜；桌子需大致能铺 200 张卡片；主持人需注意时间的掌握。

— 知识点 4 头脑风暴法的应用 —

1. 头脑风暴会议流程

头脑风暴会流程一般分为准备、头脑风暴、评价选择三个阶段（图 3-1）。

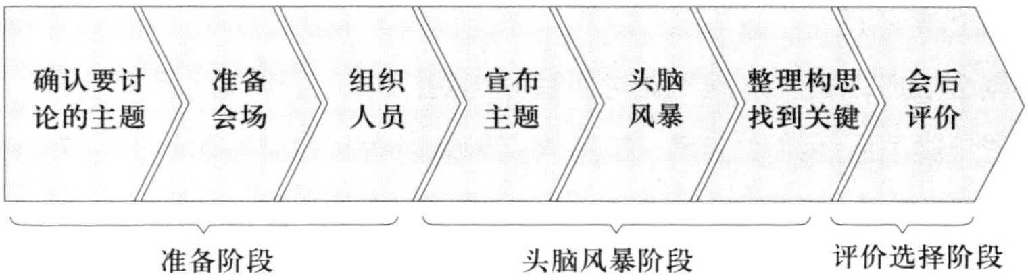

图 3-1　头脑风暴会议流程

（1）准备阶段

该阶段需要选定讨论的主题，提前通报给与会人员，让与会者有一定准备。主题的选择要从平时悬而未决的问题着手，必须合乎参与者的能力层次和关心程度，以参与者一直期待解决的问题为最佳。事先公开主题的做法也是可行的，但与会者是否会围绕主题尽力去思考，组织者要考虑清楚。主题必须单一并且明确，不能模棱两可、似是而非，大的主题必须细化，从接近参与者关心的主题开始。

准备阶段还需选好主持人。主持人要熟悉并掌握该技法的要点和操作要素，摸清主题现状和发展趋势。参与者要有一定的训练基础，懂得该会议提倡的原则和方法。会前可进行柔化训练，即对缺乏创新的锻炼者进行打破常规思考，转变思维角度的训练活动，以减少思维惯性，从单调的紧张工作环境中解放出来，以饱满的创造热情投入激励设想活动。

同时，确定会议时间，提前布置好场地和座位（以“凹”字形为佳），准备好记录笔、白板等记录工具。

（2）头脑风暴阶段

头脑风暴会议开始后，主持人应仔细阐述主题，在会议过程中，主持人应引导、鼓励组员自由提出各种构思，记录员则在白板记录所有构思，到各个组员都无法再提出构思时，立即结束会议。为了让参加者的灵感相互激励，引发灵感的连锁反应，应督促参加者在规定时间（5 分钟）内将自己的灵感写下来，并要求他们在各自发言前将内容整理清晰明了，以便记录员记录在白板上，进而让他人看后产生更多联想，激发更多灵感，头脑风暴会议流程如图 3-2 所示。

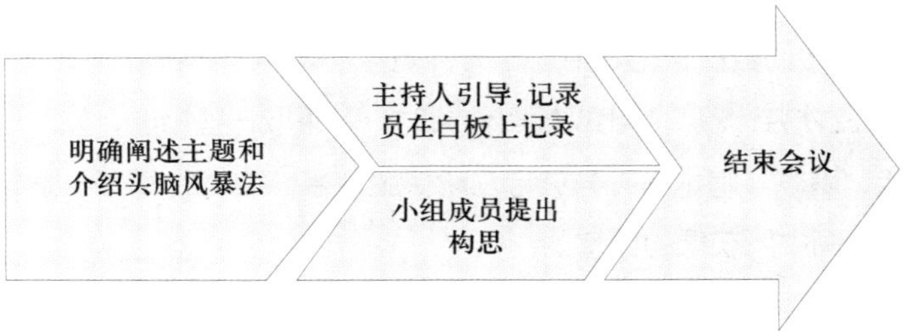

图 3-2　头脑风暴阶段流程

（3）评价选择阶段

头脑风暴会后应以鉴别的眼光讨论所有列出的构思，也可以让另一组人来评价，并将会议记录整理分类后展示给参加者，主持人引导参与者从效果和可行性两个方面评价各构思，选择最合适的构思，尽可能采用会议中激发出来的构思。

2. 头脑风暴会的注意事项

① 提前确定好讨论的主题，以问句的形式写出来，通知参会人员提前思考。

② 主持无边界联想，所有的想法都记录下来，不可以发表消极评论，以免打击提案人的积极性，欢迎对别人的想法进行延伸，优化为更为成熟的想法。

③ 人数如果在 12 人以下，可以集体进行，如果在 12 人以上，最好分成几个小组，每组约 4~8 人，同部门的人最好分散在不同的小组中。

④ 将所有的想法记录写在黑板上，逐条讨论构思的可行性，说出构思的优缺点，最终选择一个最优的构思。可根据最优构思再进行优化，最终得出定稿方案。

⑤ 头脑风暴的时间以 30~90 分钟为佳，如果问题太多，可以延长时间，但讨论中间需要休息。

⑥ 方案定下来之后，选定责任人，阐明时间周期，制订任务时间表，发给相关责任人执行。

3. 头脑风暴会主要角色技巧

（1）头脑风暴会主持人技巧

① 主持人应懂得各种创造思维和技法，会前要向与会者重申会议应严守的原则和纪律，善于激发成员思考，使场面轻松活跃而又不违背头脑风暴的规则；在参加者发言气氛热烈时，可能会出现如哄笑别人意见、公开评论他人意见等情况，此时主持人应当立即制止。

② 可轮流发言，每轮每人简明扼要地说清楚创意设想一个，避免参与者展开辩论或发言不均。

③ 要以赏识激励的词句语气和微笑点头的行为语言，鼓励与会者多出设想，如说："对，就是这样！""太棒了！""好主意！""这一点对开阔思路很有好处！"等等。禁止使用下面的话语："这点别人已说过了！""实际情况会怎样呢？""请解释一下你的意思。""就这一点有用。""我不赞赏那种观点。"等。

④ 经常强调设想的数量，比如平均 3 分钟内要发表 10 个设想。

⑤ 遇到人人皆才穷计短，并出现暂时停滞时，可采取一些措施，如休息几分钟，自选休息方法，散步、唱歌、喝水等，再进行几轮头脑风暴。或发给每人一张与问题无关的图画，要求讲出从图画中所获得的灵感。

⑥ 根据主题和实际情况需要，引导大家掀起一次又一次头脑风暴的"激波"。如讨论主题是某产品的进一步开发，可以将产品改进配方思考作为第一激波、将降低成本思考作

为第二激波、将扩大销售思考作为第三激波等。又如，对某一问题解决方案的讨论，引导大家掀起“设想开发”的激波，及时抓住“拐点”，适时引导进入“设想论证”的激波。

⑦ 要掌握好时间，形成的设想应不少于 100 种。但最好的设想往往是会议要结束时提出的，因此，预定结束的时间到了可以根据情况再延长 5 分钟，这是人们容易提出好的设想的时候。如果在 1 分钟时间里再没有新主意、新观点出现时，头脑风暴会议可宣布结束或告一段落。

（2）头脑风暴会记录员技巧

① 记录员应依照发言顺序标号记录点子，在发言内容含糊不清时，应向发言者确认，发言内容过长时，仅记录要点即可。字迹要清晰，确保每位参与者都能看清，海报纸版面应简洁整齐。

② 会议结束后应该对所作记录进行分类整理，并加以补充，然后交予丰富经验和专业知识的专家组进行筛选。筛选应主要从可行性、应用效果、经济回报率、紧急性等多个角度进行，以选择最恰当的点子。

③ 此外，由于用头脑风暴法产生出来的构想，大部分都只是一种假设，很少是可以用来直接解决问题的，因此整理和完善构想这一步就显得相当重要。在整理补充点子时，为了使构想更具体化，也可继续使用头脑风暴法，头脑风暴会流程表见表 3-3 所示。

表 3-3 头脑风暴会流程表范例

头脑风暴会流程表

年 月 日

<table>
<tr><td>会议时间</td><td colspan="2">× ×:00– × ×:00
(20~60 分钟)</td><td>地点</td><td></td></tr>
<tr><td>主题</td><td colspan="4"></td></tr>
<tr><td>目的</td><td colspan="4"></td></tr>
<tr><td>意义</td><td colspan="4"></td></tr>
<tr><td rowspan="4">会议准备</td><td rowspan="3">人员组成</td><td>主持人</td><td colspan="2"></td></tr>
<tr><td>参加者</td><td colspan="2"></td></tr>
<tr><td>记录员</td><td colspan="2"></td></tr>
<tr><td>材料准备</td><td colspan="3"></td></tr>
<tr><td rowspan="3">会议过程</td><td>会议开始</td><td colspan="3">记录员宣布“头脑风暴”会议基本原则，即完全开放式的讨论和研究
不要轻易对某个观点下结论，要延迟评判、延迟评价
开始记录</td></tr>
<tr><td rowspan="2">会议中</td><td colspan="3">会议主持人引导大家以任意次序自由发言、自由想象，彼此相互启发、相互补充</td></tr>
<tr><td colspan="3">会议主持人根据大家发表的观点，及时进行梳理，对所讨论的话题及时进行引导</td></tr>
</table>

续表

会议过程	会议中	根据实际情况对不同的方案进行交叉，进行边缘化嫁接，得出新的观点
	会议结束	在会议原定时间内，视情况结束会议 如果在原定时间内还不断有新观点提出，则根据实际情况延长会议时间
会议总结		

实例分析 3-3

央视为新办公大楼内部征名

中央电视台新楼在奥运会期间已经开始部分地投入使用，但是很长时间没有一个正式的名字。其实，从它几年前公布设计到后来拔地而起，老百姓就给它起了名字，而且不止一个："大裤衩""斜跨""高空对吻"等。

央视领导认为坊间流传的"大裤衩"等称谓不雅，所以决定在员工内部有奖征集新楼的名字。相关领导追求标新立异，网友们则继续发挥自己的创意。

在各大网站论坛上可以看到，网友们为央视新址所取的名字五花八门，其中一个就叫"智窗"大厦。它的主要寓意是：首先，央视是国家电视台，是对全国对全世界传播信息，传播智慧的重要窗口。其次，新大楼中部形成的多边形镂空，酷似一个巨大的窗口，与"智窗"一说相映成趣。

网友也给出了很多有创意的想法。

象形类：双七门、M 大楼、圆规、央天门、连七座。

文雅类：7 迹楼、智窗大厦、宝鼎大厦、新视角。

恶搞类：酷中央、囧大楼、三缺一。

（资料来源：搜狐 .2008-11-13，选取时有删改 .）

思考：央视为新办公大楼内部征名是如何应用头脑风暴法的？和传统的头脑风暴法有何创新与异同？

技能训练

【训练说明】

现有一种新药由黄芩、黄连、苦杏仁等药材组成，用于治疗为胃炎或胃痛，药品即将推向市场，公司计划内部开展头脑风暴会，征集创意，具体包括药名、外包装、设计方案等，要求让产品好记忆、给人留下深刻记忆，不侵权。

【训练实施】

请根据头脑风暴会实施流程，组织会议，形成最优构思，填写《头脑风暴会流程表》。

步骤一：按照流程，做好头脑风暴会的会前准备，将信息填入表 3-4。

表 3-4 会议前期准备

<table>
<tr><td>会议时间</td><td colspan="2"></td><td>地点</td><td></td></tr>
<tr><td>主题</td><td colspan="4"></td></tr>
<tr><td>目的</td><td colspan="4"></td></tr>
<tr><td>意义</td><td colspan="4"></td></tr>
<tr><td rowspan="4">会议
准备</td><td rowspan="3">人员
组成</td><td>主持人</td><td colspan="2"></td></tr>
<tr><td>参加者</td><td colspan="2"></td></tr>
<tr><td>记录员</td><td colspan="2"></td></tr>
<tr><td>材料
准备</td><td colspan="3"></td></tr>
</table>

步骤二：主持人引导参会者，召开头脑风暴会，将信息填入表 3-5。

表 3-5 会议进行时

<table>
<tr><td rowspan="5">会议
过程</td><td>会议开始</td><td></td></tr>
<tr><td rowspan="3">会议中</td><td>会议主持人介绍新药成分，描述新药功能，引导参会者开展话题：
① 新药名。
② 新药外包装设计方案。
大家以任意次序自由发言、自由想象，彼此相互启发、相互补充</td></tr>
<tr><td></td></tr>
<tr><td></td></tr>
<tr><td>会议结束</td><td></td></tr>
</table>

步骤三：进行会议总结，填入表 3-6。

表 3-6　会议总结表

会议总结	

任务小结

① 头脑风暴法：是一种创意激发技术，旨在通过集体讨论产生大量想法。它鼓励参与者自由发想，不受批评和限制，以期达到创新和解决问题的目的。

② 头脑风暴法的四个基本原则：即自由奔放去思考、会后评判、以量求质、见解无专利。

任务 2　掌握思维导图法

任务目的

【新知预览】思维导图绘制法

① 了解头脑风暴法的起源与发展。

② 能够掌握思维导图绘制法的内涵和优缺点、适用领域。

③ 懂得用不同工具绘制思维导图。

任务情境

大学生李明正在准备下周的“市场营销学”考试。面对大量的教材内容和老师补充的笔记，他感到有些混乱。为了更有效地复习，他决定使用思维导图法来整理课程知识技能点。

知识储备

思维导图的应用领域非常广阔的，它在我们的生活中无处不在，不论是工作、学习或是生活中，都可以看到它的身影。透过思维导图，不但可以增强思维能力，提升注意力与记忆力，更能够启发联想力与创造力。突破固有思维限制，让大脑更有创造力。

— 知识点 1　思维导图法概述 —

1. 思维导图法的内涵

思维导图法（the mind map）是一种新的思维模式，一种将放射性思考具体化的方法。它结合了全脑的概念，包括左脑的逻辑、顺序、条理、文字、数字，以及右脑的图像、想象、颜色、空间、整体等。每一种进入大脑的资料，不论是感觉、记忆或是想法。包括文字、数字、符码、食物、香气、线条、颜色、意象、节奏、音符等，都可以成为一个思考中心，并由此中心向外发散出成千上万的关节点，每一个关节点代表与中心主题的一个联结，而每一个联结又可以成为另一个中心主题，再向外发散出成千上万的关节点，而这些关节的联结可以视为记忆，也就是个人数据库。因此，思维导图法也是一种结合图形与文字于一体，开发你的思维潜力、提高思维能力的简单高效的工具。

2. 思维导图法的优势和局限性

科学研究证明人的左大脑负责逻辑、词汇、数字，而右大脑负责抽象思维、直觉、创造力和想象力。思维导图发明者英国人托尼 · 博赞说:“传统的记笔记方法是使用了大脑的一小部分，因为它主要使用的是逻辑和直线型的模式。”发散思维是创新思维的核心。画思维导图的方法恰恰是发散思维的具体化、形象化。

思维导图法是一种创新实践方法，图像的使用加深了人脑记忆，使用者可以把关键字和颜色、图案联系起来，使用视觉感官。这些都增进了理解和记忆能力。主要精力集中在关键点上，不会过多浪费时间在那些无关紧要的内容上，可以成倍提高效率。

思维导图法具有极大的可伸缩性，它顺应了大脑的自然思维模式。从而，可以使主观意图自然地在图上表达出来。它能够将新旧思维结合起来。当使用者能够利用思维导图作为工具，改变原有的固化认知结构，把新领域的知识同化到自己的知识结构中，建立起新旧知识之间的联系，则能有效激发创新思维。

但是思维导图法是一种发散且将知识进行分层展示的图示，不便于表达和比较复杂的信息内容。如果采用手工绘图，花费的时间成本较高。对于系统性思考，单一采用思维导图的方式局限性太强，应该综合加入其他方法。

3. 思维导图法的关键要素

思维导图法通过利用图像、分支和关键字等元素，充分调动全脑进行记录和表达思想，是一种非常有效的思维可视化的工具和技巧。发挥导图本身具备的强大的助记功能，充分利用各制图元素帮助记忆，如背景、颜色、字号、空间位置等。

（1）图像。比起抽象的文字符号，人类大脑对图像的敏感度更高，印象也更加深刻。因为图像刺激的是右脑。逻辑分析能力和抽象思维确实非常重要，需要逐步锻炼自己强大的逻辑分析能力，同时，相比于文字，人的大脑更喜欢图像和场景，图像使记忆更加容易，也更加牢固，甚至是无意识地、毫不费力地就在相应的场景中学会了知识。思维导图作为梳理知识和计划的工具，能使记忆更加牢固和清晰的一大原因就是：使用了图像。图像的使用可遵循“夸张、有趣、关己、有情”的原则。

（2）色彩。色彩结合物体的形状特征，会方便联想。所以在绘制思维导图时，涉及什么，就可以画一些辅助的小简图，并填充上漂亮的色彩，这样不仅大脑喜欢，更容易记住，也会让导图变得更精美、生动。

（3）线条。思维导图的线条包括主干和分支，主干是一级分支。主干（或者叫一级分支）的线条一般粗一些、长一些，二级分支、三级分支的线条一般短一些、细一些。思维导图里的线条都是曲线，而且是末端平滑的曲线。之所以用曲线是因为曲线非常灵活，想要添加新的内容的时候，可以引一道曲线出来，而且思维导图的组织形式，使得纸张或平面上空白的地方很多，很方便的用曲线添加内容。之所以末端是平滑的曲线，重要的原因是：线条上面要放关键词。因此，思维导图里面的线条要用曲线，并且是末端平滑的曲线。

（4）关键词。关键词顾名思义，就是提取关键信息的词语。想要简单地把一个物体解释清楚，必然需要理解其中的关键。爱因斯坦曾经说过，“如果你不能简单地解释一个事物，那说明你还没有真正理解它”。因此，关键词要简短，可以引发下级分支的联想，有较强的概括性。关键词一般写在主干和分支的线条上。

实例分析 3-4

用思维导图法击败拖延症

思维导图法可以有效地将大脑所思考的顺序、内容等都进行可视化地表达，例如，当大脑思考要如何击败拖延症，就会考虑到可以击败拖延症的各类方法，同时又会进一步思考每个方法中可以具体进行的事项。那么，用思维导图法将大脑所思考的所有内容进行整理，就可以得到如下图所示的击败拖延症的思维导图，如图 3–3 所示。

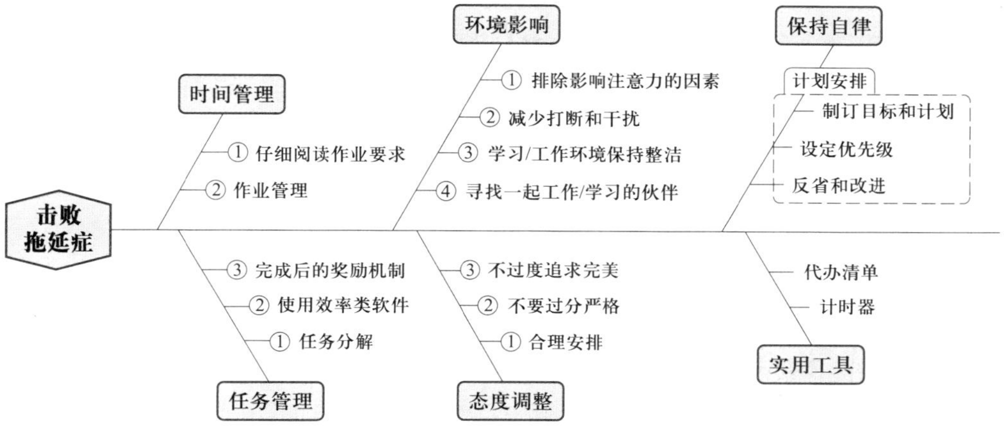

图 3–3　克服拖延症的思维导图

思考：你在生活中是否有见到思维导图的应用？在什么领域较多见到呢？

—— 知识点 2　思维导图法的适用领域 ——

大脑需要的是一个能够反映其自然的思考方式的思维工具，它使用网络中的图像和联想，能够体现思维的发散性和扩展性。思维导图法从真正的意义上来说，是书面的和头脑里的“冒险想法”的结合。思维导图法可以应用到你所能想到的各种领域，包括但不局限于以下常见领域。

1. 做笔记

譬如阅读、课堂学习、面试、演讲、研讨会、会议记录等，需记录要点。接收信息时，用思维导图作记录，将要点以词语形式记下，把相关的想法用线连上加以组织，方便记忆。使用思维导图法的好处是无论信息表达的次序如何，都能放在适当的位置上。

2. 复习

在预备考试、预备演说等情况需加深记忆时使用。将已知的资料或想法从记忆中以思维导图的形式画出来，或将以往画的思维导图重复再画出，能加深记忆，思维导图也能帮助组织想法，令想法更清楚。

3. 创造性思维

在团队进行头脑风暴、小组讨论或小组计划，需共同思考时使用，小组共同创作思维导图。首先由各人自己画出自己的想法，然后将各人的思维导图合并并讨论，决定哪些较为重要，再加入新想法，最后重组成为一个共同的思维导图。在这个过程中，每个组员的意见都被考虑，可以提升团队归属感及合作。共同思考时，也可产生更多创意和有用的想法，最后的思维导图是小组共同的结晶，各组员有共同的方向和结论。

4. 创作

在写作、学科研习、水平思维、新计划等需创新时使用。首先将所有环绕主题的想法都写下来，包括新的、不可能发生的想法，不用理会对或错。然后再将想法组织合并，重新画出思维导图，不要将不可能的划去，让大脑放松，这时候创意最有可能产生。在这个过程中，思维导图帮助我们将大量的想法联系起来，产生新的想法，而且中心目标十分清晰。

5. 选择

在决定个人行动、团体议决、设定先后次序、解决问题等需作出决定时使用。当有多个想法要求我们去选择并作出决定时，思维导图法可以帮助我们更全面、更清晰地明白这个问题。首先将需要考虑的因素、目标、限制、后果及其他可行性用思维导图画出来，再将所有因素以重要程度或喜恶加权，最后尝试作出决定。

6. 演示

在演讲、教学、推销、解说、报告书等需向别人说出自己的想法时使用。当我们需要向别人讲解自己的想法时，思维导图可以协助我们在预备时清楚自己的构思，令我们的演说更具组织性，更容易记忆。在演说时利用思维导图可令听众容易明白，不用阅读长篇大论的文字，演说者也不用将预备好的句子读出来，让演说更能配合听众的需要，增加双方的交流。如果有发问时，演说可灵活地在思维导图上扩张处理，不会迷失在其他思路上。

7. 制订计划

在个人计划、行动计划、研究计划、问卷设计、写作、预备会议等行动前使用。当我们要进行计划时，思维导图法可帮助我们将所有要留意的想法写出来，再组织成清楚、有具体目标的计划。设计思维导图时，是环绕主题进行思考的，不会迷失方向，完成设计后很容易组织并写出报告，别人阅读计划时也很容易了解计划脉络，容易跟进。

实例分析 3-5

幼儿园思维导图案例分析

某市某幼儿园成立于2005年，是一所私立幼儿园，招收3~6岁的幼儿。幼儿园占地面积 1 000 平方米，有教学楼、活动室、操场等设施。幼儿园的教学理念是以儿童为本，注重幼儿的个性发展，强调教育与游戏相结合，让幼儿在快乐的游戏中学习和成长。

在幼儿园的教学实践中，经常遇到以下问题：

① 教学内容不够系统化，缺乏连贯性。

② 教学方式单一，缺乏多样性。

③ 对幼儿的思维发展缺乏针对性的指导。

为了解决这些问题，幼儿园决定采用思维导图的教学方法，以提高幼儿的思维能力和创造力。

第一，用思维导图法设计教学计划。针对幼儿园教学内容不够系统化的问题，幼儿园制订了思维导图教学计划。该计划包括各学科的教学内容和教学目标，将教学内容按照主题和子主题进行分类，形成一个系统的教学体系。

第二，运用思维导图的多样化教学方式。为了解决教学方式单一的问题，幼儿园采用思维导图的多样化教学方式。在教学中，教师采用思维导图的思维方式，引导幼儿进行思维活动。同时，幼儿园还采用多种教学方法，如讲解、游戏、互动等，以满足幼儿不同的学习需求。

第三，引导幼儿进行思维导图绘制。为了针对幼儿的思维发展缺乏针对性的问题，幼儿园引导幼儿进行思维导图的绘制。在教学中，教师鼓励幼儿进行思维活动，并引导幼儿将思维过程用思维导图的形式表达出来。通过这种方式，幼儿能够更加深入地理解所学知识，提高思维能力和创造力。

幼儿园采用思维导图的教学方法后，取得了一定的效果。具体表现为：

① 教学内容更加系统化，连贯性更强。

② 教学方式更加多样化，能够满足幼儿不同的学习需求。

③ 幼儿的思维能力和创造力得到了提高。

通过对教学效果的评估，幼儿园将进一步完善思维导图的教学方法，提高幼儿的学习效果。

思维导图是一种非常有效的教学方法，可以提高幼儿的思维能力和创造力。在幼儿园教学中，应该加强对思维导图的应用和推广，以促进幼儿的全面发展。

思考：你是否知晓其他行业、企业通过思维导图实现业绩提升或者成本降低的案例？他们是如何做到的，请具体说明。

知识点 3　思维导图法的类型

思维导图法有不同类型，各有应用范围，相互之间互相补充。

（1）逻辑结构图。逻辑结构图主要用于描述事物的局部和整体关系，只需要把事物的各个部分放在分叉上。

（2）鱼骨头图。鱼骨头图分为两种：一种是分析原因型，鱼头在右，通常以为什么来写。另一种是对策分析型，鱼头在左，通常以如何做来写。

（3）树状图。通常用于事物的分类，将核心主题写在顶端，相同类型的事物放在同一分叉上。

（4）双重泡泡图。它经常用于比较两个事物。我们只需要将两个事物的相同处放在共有的泡泡里，不同的放在各自的泡泡里。

（5）泡泡图。主要用于描述事物的性质和特征，将核心的主体放在中间，有关特征放在周围的小泡泡里。

（6）流程图。其中最简单的就是按照事物的发生次序来画，复杂一些的便是多重流程图，它主要描述事物的因果关系，将原因和结果分别写在左右两边。

（7）圆圈图。它主要用于定义某个事物，名称放内圈，定义放外圈。

（8）桥状图。经常用于事物的类比，将相似的方面放在桥的上下两端，较为少见。

知识点 4　思维导图法的应用

思维导图的绘制方法主要有手绘法、软件绘制法两种。手绘思维导图具有线条弯曲弧度大，颜色好看，有创意的优点，但是一旦落笔，很难修改，画图时间长，绘图质量不好把握。随着科技创新，市场为用户提供了许多快速并高效制作思维导图的软件工具，普遍支持移动和 PC 各大平台，提供强大的云服务备份和同步数据。采用计算机软件绘制思维导图，会比手绘会更加简便高效，速度快，绘图作品整齐精美，易于修改、分享和存储，可满足基本办公、学习需求。在开始计算机绘图之前，要确保计算机已安装合适的思维导图软件。运用软件绘制思维导图前，建议先掌握手绘思维导图，因为通过手绘可以更大限度激发大脑，加深记忆。

1. 思维导图手绘法

（1）准备工作。

首先，准备 A4 或 A3 大的白纸、任意空白页面的本子；1 支铅笔；若干不同颜色、色彩明亮的涂色笔；1 支钢笔或水性写字笔。同时，手机安装辅助软件，如扫描全能王 App，可以将纸质思维导图有效转成图片或 PDF 格式。

（2）制作步骤。

① 让纸张横放在桌前，从中央开始。

② 找主题，画出中心词（图像、立体），一定要用中央图，次主题 3~7 个。

③ 理层级、添内容。理层级是指画主干、支干，从 1 点钟开始，按顺时针画。添内容则是用曲线把中央的主题和关键词连接起来，而且一定要确保词在线上。每条线上只写一个关键词；在分枝之间进行连接时，可使用箭头，不同级别主题的线条粗细合理。间隔要安排合理，边界要能“接受”分枝概要。

④ 转换图形。根据需要将关键词转换成各种图形。尽可能用色彩丰富的图形，图形要有层次感，字体、线条和图形尽量多一些变化。

⑤ 随后，对内容进行整理加工，上色（所有的图像都要上色，所有的线条也要上色），添加背景。使用各种相关的色彩、图示、符号。中央图形上要用三种或者更多的颜色。如何选择线条的颜色呢，需记住两个原则，即一条线上的关键词会引发你什么样的联想，就把与之相关的颜色画上的联想原则；如果一个关键词引发了你的正面情绪，就用你喜欢的颜色，如果反之，就用你不喜欢的颜色的情感原则。

2. 思维导图软件绘图法

视化的思维导图绘图软件有着直观、友好的用户界面和丰富的功能，可帮助使用者有序地组织思维、资源和项目进程。思维导图作为一个组织资源和管理项目的方法，可从脑图的核心分枝派生出各种关联的想法和信息。通过思维导图可以随时开展头脑风暴，帮助人们快速理清思路。除了普通思维导图结构，还可以用鱼骨图、二维图、树形图、逻辑图、组织结构图等，以结构化的方式来展示具体的内容，人们在画思维导图的时候，可以时刻保持头脑清晰，随时把握计划或任务的全局，它可以帮助人们在学习和工作中提高效率。

目前口碑较高的思维导图软件有 MindMaster、XMind、MarginNote、MindVector、MindLine 等。用户可登录这些软件的官方网页进行绘图，一般都有详尽的操作步骤介绍，也可下载移动端 App 方便随时随地的完成绘图。

实例分析 3-6

山西晋城税官巧手绘就“营改增”工作导图

一幅手绘的“营改增”工作导图，因其构思新颖、画面精良、内容翔实等特点，在网络上受到追捧，备受纳税人和税务干部的广泛好评。

2016 年 4 月，全面推开营改增试点工作进入倒计时，营改增纳税人办理登记、票种核定和增值税发票新系统领用等事项也进入了一个高峰期。如同全国同行一样，晋城市国税12366热线也显得异常忙碌，纳税人来电不断，电话声此起彼伏，身处热线坐席岗位上杜爱锋总是向他们耐心详细解答“营改增”相关问题。

“如何才能更有效地让纳税人快速而全面地掌握这些‘营改增’的通用知识呢？”爱琢磨的杜爱锋又开始琢磨了。

“自己有一定的绘画功底，是不是可以手绘一张“营改增”工作导图来助力税收宣传，这样既能高效地为纳税人解疑答惑，又能提高‘营改增’咨询服务工作的质效。”考虑成熟后，杜爱锋便迅速向市局纳税服务科科长汇报了自己的思路，经过研讨，她的想法得到了肯定，纳税服务科的其他同志也纷纷向她建言献策，进一步完善构思。

说干就干，经过数次修改，一幅内容丰富、表现生动的“营改增”手绘图在杜爱锋的巧手下诞生了。该图巧妙地以思维导图的方式呈现，将“营改增”工作特点将各级主题关系用相互隶属或相关的层级图来表现，简捷明快地表现出了政策划分的总分结构、征税对象的范围界定、税率适用的枝干关系等营改增工作内容，辅以生动的图像、恰当的关键字、讲究的配色，使整张图看起来既严谨专业又平实易懂。

“这幅图已成为税收宣传的得力助手，对宣传“营改增”政策和办税程序起到了事半功倍的效果。”晋城市国税局局长表示。

（资料来源：山西省晋城市国税局税务干部手绘思维导图宣传“营改增”，国家税务局山西省税务局，2016.）

思考：上述案例中“营改增”手绘图的走红说明什么？在其他的公共事业服务厅中是否也可以设计类似的手绘图？

技能训练

【训练说明】

根据自己的专业背景，选择一本自己喜欢的专业书，泛读并用思维导图法整理成阅读提纲。

建议：每人选一本书—看看书的封面—决定用什么中心图片—找到所有的章，把章作为主干分支—再找节，节可变成二级分支—在每节中找到大标题构成三级分支—快速阅读内容，在图上添加细节。

【训练实施】

步骤一：手工绘制书籍阅读提纲思维导图。

步骤二：选择适合自己的思维导图软件，绘制书籍阅读提纲思维导图。

步骤三：比较手绘法和软件绘制法的制图效果，评论两者之间的异同。

相同之处：____

差异：____

任务小结

① 思维导图法：是一种图形化的思维工具，它通过将中心主题发散出分支，再从分支延伸出次级分支，以此类推，形成一个树状结构。这种结构有助于组织和呈现信息，促进思维的扩散和联想，常用于项目规划、知识整理、创意发散等多种场合。

② 思维导图的四大要素：图像、色彩、线条、关键词。

任务 3 掌握曼陀罗思考法

【新知预览】掌握曼陀罗思考法

任务目的

① 了解曼陀罗思考法的起源与发展。

② 掌握曼陀罗思考法的内涵和优缺点，三种类型的适用领域。

③ 能够运用曼陀罗思考法进行创造性思考。

任务情境

在一个初创公司里，作为实习生的小李被分配到了一个重要的项目团队中，负责整理和分析市场需求。面对如此复杂的任务，实习生小李决定采用曼陀罗思考法来辅助自己的工作。

知识储备

创新的思维模式是横向的，横向思维的缺陷是随机性和跳跃性，很多时候给人的感觉是靠运气。而曼陀罗思考法是结合横向思维和逻辑思维，通过有限维度的扩展同时发展两种思维能力，可避免思考过程中的遗漏，突破人们单向地使用横向思维或纵向思维的惯性思考方式。按照一定的顺序，逐个考虑可能的重要因素是此方法的核心逻辑。

—— 知识点 1　曼陀罗思考法概述 ——

1. 曼陀罗思考法的具体内涵

曼陀罗，梵文“Manda（本质、真髓）+La（拥有）”组合而成的一个词，意思是具备本质的事物。

曼陀罗法是一种思维训练工具，也称为九宫格法，通过运用一张内含核心的 3×3 九宫来呈现整体与局部的相互关系与平衡。曼陀罗法可使问题由混沌的状态，在具体化思考过程中更加清晰明确，由表及里，将导向清晰的目标进而转化为行动。曼陀罗法最终目的是将“知识”转变为实践的“智慧”，可广泛运用于解决学业与工作上各项疑惑。

2. 曼陀罗思考法的优势和局限性

（1）曼陀罗思考法的优势。曼陀罗思考法可以帮助人们深入思考问题的本质和内在关系，从而找到解决问题的有效方法；还可以提高人们的意识和洞察力，帮助人们更好地理解自己和周围的世界。

（2）曼陀罗思考法的局限性。曼陀罗思考法需要一定的冥想和专注力，不适合所有人。曼陀罗思考法还需要一定的时间和精力，不适合快速解决问题的场合，要避免在不适合的场合使用。

—— 知识点 2　曼陀罗思考法的适用领域 ——

曼陀罗思考法在个人发展与职业规划、学习与工作及团队协作与企业管理等多个领域都有广泛的应用价值。它不仅能够帮助个人和企业更好地进行思考和决策，还能够激发无限的创意和灵感。

1. 个人发展与职业规划

曼陀罗思考法可以帮助个人设定和实现人生目标。通过这种方法，个人可以从最核心的目标出发，逐步扩展到具体的行动步骤，从而更好地设定和实现人生目标。例如，设定一个五年内成为项目经理的目标，可以通过曼陀罗思考法分解为具体的子目标和行动计划。

2. 学习与工作

曼陀罗思考法不仅能打破单一思维，还能从多个角度思考问题，兼具广度和深度，非常适合用于学习和工作。它可以帮助人们立即发现问题，提高学习与工作效率。通过曼陀罗计划表，可以全方位掌握中心目标的发展状况，并将其转化为可实施的行动。

3. 团队协作与企业管理

在团队协作中，曼陀罗思考法可以促进团队成员之间的沟通与合作，通过共同绘制曼陀罗图来理解和达成共识。在企业管理中，它辅助领导者进行决策、规划和问题解决，清晰了解企业现状并制订有效策略。

— 知识点 3 曼陀罗思考法的类型 —

曼陀罗法主要有三大类型，包括基本曼陀罗法、放射式曼陀罗法、螺旋式曼陀罗法。

1. 基本曼陀罗法

基本曼陀罗法也称十字式思考法，由“5W1H”摆在九宫格的十字当中构成，如图 3-4 所示。5W 指的是 Who（人）、What（对象）、Why（价值观）、Where（空间）、When（时间），1H 指的是 HOW，强调如何实现其他 5W，贯穿在 5W 之中。通过运用九宫格图像，让思考视觉化，适合于企划落地、方案实施、拟定大纲。

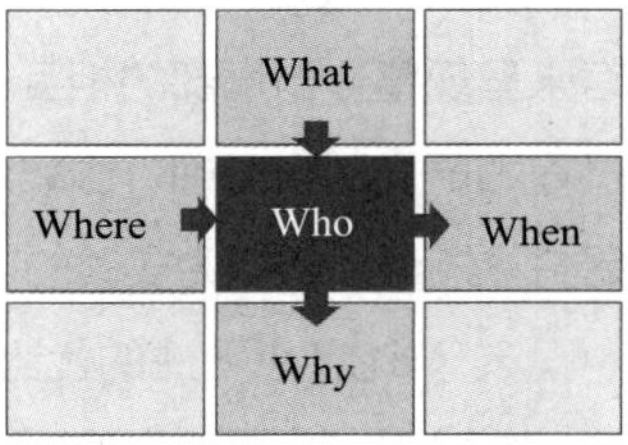

图 3-4 基础曼陀罗图

在基础曼陀罗图上，5W 还可以延伸出相关的引申义，如图 3-5 所示。

	What 行为、行动、动作、目的、目标、愿望、现象、人、事、物	
Where 环境、处所、社会、状况、立场、构造	**Who** 主体、对象、朋友、自我、欲望、生命、性格、态度	**When** 时间，也可以延伸出人生经历，成长体验，时代，特殊时期，某个周期，机会或者机遇，时机，顺序，次序等
	Why 理由、根据、原理、原则、理念、理想、潜在意识、为人处事	

图 3-5 基础曼陀罗拓展图

2. 放射式曼陀罗法

放射式曼陀罗法也叫辐射线式思考法。任何一个空格也都可以被拿出来当作“放射式”中的中心议题，然后再加以发挥。例如，在人际关系中，将自己的姓名作为主题词放入九宫图最中间的格子，然后在周围填上最亲近八个人名字，再将这八个人放到更外一圈八个曼陀罗中央。就有八八六十四的人际关系图。由此清晰认识自己的人际关系，如图 3-6 所示。

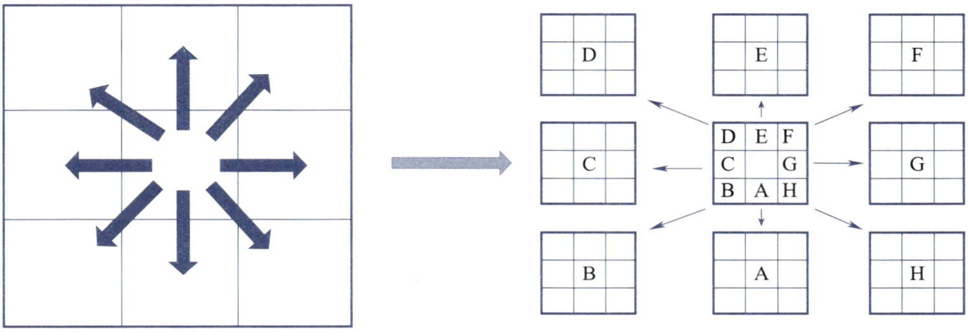

图 3-6　放射式思考法示意图

3. 螺旋式曼陀罗法

螺旋式曼陀罗法也叫围绕型思考法，适合用来作为流程性质的思考与安排，如毫无边界地联想、日程安排、各种计划。在螺旋式的排列中，按顺时针方向展开思考。以固定的思考顺序增强对事情的理解。由浅入深地把相关问题考虑清楚，最终作出决策。例如，按照自己一天的事项，6 时、9 时、12 时等进行时间安排，如图 3-7 所示。

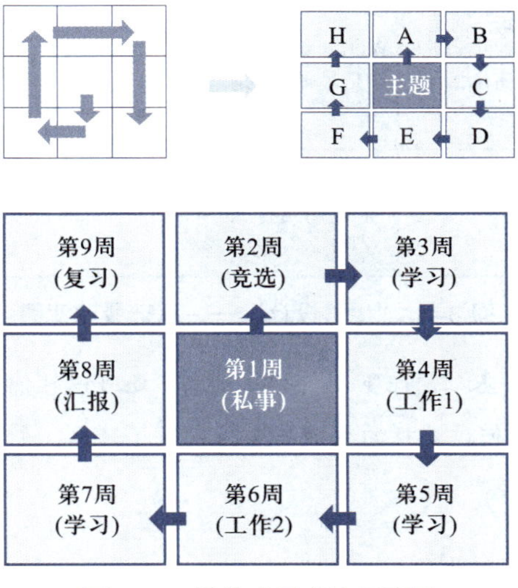

图 3-7　螺旋式思考法示意图

— 知识点 4 曼陀罗思考法的应用 —

基本曼陀罗法是各类曼陀罗法中应用最广泛的，同时也是最方便使用的曼陀罗思考法。

实例分析 3-7

基础曼陀罗图理解“生涯设计”

巧妙的围绕 5W 为主的六个路径思考问题，同时辅助运用曼陀罗图，可发散地扩展思考角度，深入的探索与主题相关的深层次问题，产生更多与主题相关的创新想法。譬如当我们开始尝试思考自己的人生规划时，可运用基础曼陀罗图步步推进，实施思考路径。

① 在基础曼陀罗图的中间格子里摆放目标问题，然后围绕这个问题，有意识地按照“5W1H”的思路，找出多个原因，对于每个原因再找出更多的子原因，实现更多的思考维度填入格子。

② 用“5W1H”询问自己的想法，形成图 3-8“生涯设计——基础曼陀罗图”。

	What—自己正在做什么?想做什么?该做什么?必须做什么?	
Where—创造理想生活的必要事物(环境)为何?	Who—对自己而言，谁是最重要的?	When—做什么可以使一整天都充实?创造充实的一天的要素为何?
	Why—自己真正想做的是什么?为什么?	

图 3-8 “生涯设计”——基础曼陀罗图

③ 在“生涯设计——基础曼陀罗图”的基础上，还可以延伸很多的想法，例如，自己希望过什么样的生活？为何过这样的生活，自己又做了什么？等等。形成图 3-9“生涯设计——基础曼陀罗图拓展图”。

	What—Working Progress 持续自己工作上的思考及行动	
Where—Human Networking Yellow pages创造自己行动的环境	Who—Doing List for Makes a Life决定自己的行动制定计划	When—Scheduling Making Today创造自己行动的时间
	Why—Feel&Thinking Studying培养学习、思索、观察力及感性	

图 3-9 “生涯设计——基础曼陀罗图拓展图”

思考：请结合自身情况，进行生涯设计。

实例分析 3-8

曼陀罗思考法在招聘中的应用

在使用曼陀罗思考法进行招聘时，需要将招聘流程中的各个环节作为思考对象，包括招聘需求的确定、岗位职责的明确、候选人筛选和面试等环节。

使用曼陀罗思考法进行招聘时，可以通过以下步骤进行：

① 确定招聘需求，例如，需要招聘的岗位类型、人数等因素。

② 明确岗位职责，思索岗位需要具备哪些技能和能力，同时需要考虑岗位的复杂程度、难度等因素。

③ 筛选候选人，根据候选人所需要具备的技能和经验，考虑候选人的教育背景、工作经历等因素。

④ 面试候选人，思考如何进行面试，并针对候选人的不同情况进行相应的面试技巧。

思考：假设某公司需要招聘一名市场营销经理，按照上面步骤，请你运用曼陀罗法进行思考，在图3-10中补充完整相应的曼陀罗图，并尝试进行拓展。

	市场营销经理	

图 3-10 招聘曼陀罗图

技能训练

【训练说明】

“让创新成为青春远航的动力”，在创新创业方面，青年有着得天独厚的天然优势。作为一名临近毕业的大学生小蒙，想在毕业后返回老家进行创业，但是面临着资金不足，不知道该选择什么创业项目，如何找到的困难，不知道该如何开始进行创业准备等问题。

【训练实施】

请尝试使用曼陀罗思考法进行创业前的准备寻找最适合自己的创业项目。

步骤一：运用曼陀罗思考法，思考如何取得家人的认可与支持。

步骤二：资金不足的情况下，建议选择一些比较低成本的创业项目。请用曼陀罗思考法筛选出适合自己的创业项目。

步骤三：找学校老师了解大学生创业补助的相关政策，并用曼陀罗思考法进行总结。

步骤四：创业前期做好创业计划，利用好自己的现有资源，选择不同的学习方式，对所选定的行业进行深入了解。可尝试用曼陀罗思考法整理出创业计划书的大纲。

任务小结

① 曼陀罗思考法：通过视觉化或实际绘制曼陀罗图案来引导冥想者进入深度冥想状态。此方法旨在帮助人们平静思绪，提升专注力，并达到心灵的宁静与清晰。同时也是一种思维训练工具，也称为九宫格法，通过运用一张内涵核心的 3×3 九宫来呈现整体与局部的相互关系与平衡。

② 曼陀罗思考法的三大类型：基本曼陀罗法、放射式曼陀罗法、螺旋式曼陀罗法。

项目四

激发创新能力潜能

学习目标

知识目标

① 了解创新能力的内涵。

② 理解创新能力的重要性。

③ 掌握创新能力的特征。

能力目标

① 掌握创新能力的构成要素。

② 掌握开发创新能力的步骤与方法。

素质目标

① 培养学生积极开拓创新能力，为国家、社会做出更多贡献。

② 引导学生树立民族责任感与强烈的事业心。

导师寄语

创新能力不仅仅是发明新产品或提出革命性理念的能力，也是一种思维方式，一种解决问题的方法，一种在日常工作、学习和生活中不断寻求改进和完善的态度。它是关于挑战现状、寻求新的可能性，并勇于实验和接受失败作为学习和成长的一部分的认知。

每个人都有潜在的创新能力，它不是少数人的专利。开发创新能力不仅可以帮助我们在竞争中脱颖而出、适应变化、解决问题和创造价值，而且还可以激发创造力，推动进步和发展。因此，我们需要通过适当的训练和实践，释放自己的创造潜力，并将其应用于现实世界的复杂问题中。

学习地图

- 项目四 激发创新能力潜能
  - 任务1 认识创新能力
    - 知识点1 创新能力概述
    - 知识点2 创新能力的重要性
    - 知识点3 创新能力的特征
  - 任务2 开发创新能力
    - 知识点1 创新能力的影响因素
    - 知识点2 创新能力的构成要素
    - 知识点3 创新能力的自我开发步骤

任务 1 认识创新能力

任务目的

① 能够了解创新能力的内涵，全面认识创新能力。

② 能够理解创新能力的重要性，认识创新能力的重要作用。

③ 能够掌握创新能力的特征，升华创新能力理解。

【新知预览】认识创新能力

任务情境

张慧是一位大学一年级的学生。进入大学后，她发现自己身处一个充满创意和新想法的环境中，这让她感到既兴奋又有些不安。她意识到，尽管自己对专业学习充满热情，但她对自己的创新能力缺乏信心，常常怀疑自己的创意是否足够好，这导致她在提出新想法时犹豫不决。于是，她开始研究相关内容，想通过实际案例学习、实践活动和自我探索来了解创新能力的本质，以便在未来的学习和职业道路上能够更好地发挥自己的创造力和潜力。

知识储备

无论是提高创新意识、培养创新思维还是掌握创新方法，其共同目标都是提高自身创新能力。创新能力是一切有益于创新的因素总和。我国上千年的教育发展史，就闪烁着一些简单而朴素的创新能力培养的思想和方法。1919 年，我国著名教育家陶行知先生第一次把“创造”引入教育领域。他在《第一流教育家》一文中提出要培养具有“创造精神”和“开辟精神”的人才，培养学生的创新能力对国家富强和民族兴亡有重要意义。创新能力可以帮助个人和组织在不断变化的环境中保持竞争优势，并不断推动社会和经济的发展。

—— 知识点 1　创新能力概述 ——

如果这个世界没有创新能力，便不会有今日人类的文明。伟大的科学家如爱因斯坦、爱迪生等之所以能够取得巨大成就和突破，正是因为他们具备了卓越的创新能力。缺乏创新能力的个人往往被称为庸才，而缺乏创新人才的民族则很可能陷入落后状态。因此，创新能力对于个人和民族的发展至关重要。

古往今来，创新能力的定义发展历史可以追溯到 20 世纪初，随着经济和社会的变革，学者们开始关注组织和个人的创新能力。以下是关于创新能力定义发展的主要里程碑。

1. 早期观点（20 世纪初—20 世纪 50 年代）

在这一时期，创新能力的研究主要集中在经济学领域。奥地利经济学家约瑟夫 · 熊彼特提出了创新理论，将创新定义为引入新产品、新工艺、新市场和新组织形式来破坏旧的经济秩序并推动经济增长的能力。这一理论为后来的创新研究奠定了基础。

2. 资源转化观点（20 世纪 60 年代—20 世纪 80 年代）

到了 20 世纪 60 年代和 70 年代，学者们开始将创新能力与资源和能力的整合联系起来。“现代管理学之父”彼得 · 德鲁克将创新定义为将资源转化为有用的结果的能力。这一时期的研究侧重于组织如何利用内部和外部资源来推动创新，并探讨创新对组织绩效的影响。

3. 知识和学习观点（20 世纪 90 年代—21 世纪初）

20 世纪 90 年代，随着知识经济的兴起，学者们开始将创新能力与知识和学习联系起来。美国麻省理工学院教授彼得 · 圣吉提出了学习组织理论，将创新定义为将创造性思维和系统思维应用于问题解决和持续学习的能力。这一时期的研究关注组织如何创造、积累和利用知识来推动创新。

4. 开放式创新观点（21 世纪初—现在）

进入 21 世纪，学者们开始关注开放式创新模式，即组织通过内部和外部合作伙伴以及开放的创新过程来发现、开发和推广创新。在知识经济时代，企业仅仅依靠内部的资源进行高成本的创新活动，已经难以适应快速发展的市场需求以及日益激烈的企业竞争。在这种背景下，“开放式创新”正在逐渐成为企业创新的主导模式。该观念指出，企业应把外部创意和外部市场化渠道的作用上升到和封闭式创新模式下的内部创意及内部市场化渠道同样重要的地位，均衡协调内部和外部的资源进行创新，不仅仅把创新的目标寄托在传统的产品经营上，还积极寻找外部的合资、技术特许、委外研究、技术合伙、战略联盟或者风险投资等合适的商业模式来尽快地把创新思想变为现实产品与利润。

除了以上阐述的创新能力定义里程碑之外，近年来，随着中国经济的高质量发展和科技创新的加速推进，中国学者开始关注更为前沿和复杂的创新话题。他们探讨了开放式创新、创新生态系统、数字化转型等新概念和新实践，并提出了创新政策、创新战略和创新组织等方面的建议。这些研究旨在为中国企业在全球竞争中获得更大的优势和机会提供支持。

综上所述，创新能力主要是从技术和各种实践活动领域中不断提供具有经济价值、社会价值、生态价值的新思想、新理论、新方法和新发明的能力。

实例分析 4-1

比亚迪：新能源汽车领导者

比亚迪作为中国新能源汽车领域的佼佼者，以其卓越的创新能力，引领着整个行业的发展。波士顿咨询公司公布了 2023 年全球最具创新能力的公司榜单。榜单显示，比亚迪在全球创新能力企业中排名第九。自其创立之初，比亚迪就致力于新能源技术的研发和应用，通过不断创新，逐步打造出了一条完整的新能源汽车产业链，成为全球新能源汽车市场的领军企业。

首先，在电池技术研发上，比亚迪拥有自主知识产权的磷酸铁锂电池技术，该电池技术具有高安全性、长寿命、低成本等优势，为新能源汽车的普及提供了有力支持。此外，比亚迪还不断加大对固态电池等前沿技术的研发力度，以期在未来能够推出更加先进、高效的新能源汽车电池产品。

在新能源汽车整车设计上，比亚迪推出的多款新能源汽车，不仅在外观设计上独具匠心，更在性能、续航等方面实现了重大突破。例如，比亚迪的某款纯电动 SUV（运动型多用途汽车），凭借其出色的加速性能、超长的续航里程以及智能化的驾驶辅助系统，赢得了市场的广泛认可。

此外，比亚迪还积极拓展新能源汽车的应用领域，将创新理念贯穿于整个产业链。在公共交通领域，比亚迪的电动公交车已经在国内多个城市投入运营，为城市绿色出行提供了有力保障。在物流领域，比亚迪也推出了多款电动货车，助力物流行业实现绿色、高效的转型。

随着全球新能源汽车市场的不断发展，比亚迪积极拓展海外市场，将自身的先进技术和产品推向世界。通过与海外合作伙伴的深入合作，比亚迪不断提升自身的国际竞争力，为全球新能源汽车产业的发展贡献了中国智慧和中国方案。

思考：比亚迪的创新能力都体现在哪些方面？这些创新能力的方面能运用到你的日常生活中吗？

—— 知识点 2 创新能力的重要性 ——

党的二十大报告提出，必须坚持创新是第一动力，深入实施创新驱动发展战略，开辟发展新领域新赛道，不断塑造发展新动能新优势。个人的发展要紧跟时代发展的步伐，创新能力对个人发展有着至关重要的影响，个人通过不断地学习、实践和挑战自己，可以不断提升自己的创新能力，并在领域中取得更大的成就。创新能力对个人发展具有重要的作用，主要体现在以下几个方面，如图 4-1 所示。

（1）能力提升。创新能力是个人不断进步和发展的基础。通过不断积累知识、提高技能，以及自主学习和探索，可以激发个人创新能力的潜力，提升个人职业发展能力。

（2）竞争优势。在当今竞争激烈的市场环境中，拥有创新能力的人才更容易在竞争中脱颖而出。创新能力可以帮助个人更好地应对市场变化，发现商机，推动企业发展。同时，也可以为个人在求职和职业晋升中提供更多的机会和优势。

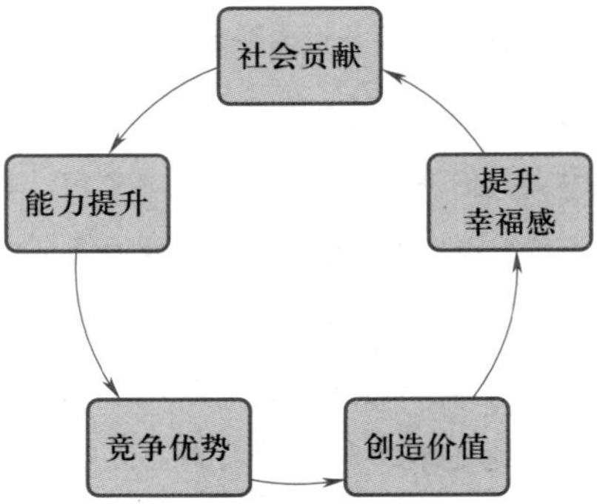

图 4-1 创新能力的重要性

（3）创造价值。创新能力可以帮助个人在工作中不断创造价值，不断创造新的知识和经验。这有利于提高组织的创新能力，增加企业的附加值和市场竞争力，并为个人职业发展打下良好的基础。

（4）提升幸福感。拥有创新能力的个人在工作和生活中更容易找到乐趣和幸福感。创新能力可以帮助个人发现和解决问题，从而实现自我价值的实现和成就感的获得，进而提高个人的幸福感和自信心。

（5）社会贡献。创新能力可以为个人带来更多的社会认可和肯定，同时也可以通过创造出更好的产品或服务，推动社会进步和发展，在社会层面创造更大的价值。

综上所述，创新能力对个人发展具有重要的作用，是促进个人职业和社会发展的关键因素。通过不断地学习、实践和挑战自己，可以有效地提升个人的创新能力和职业竞争力，并实现自身与社会的共同发展。

实例分析 4-2

梁骏：二十年攻坚克难 自主创新做强民族芯片

在国际竞争日趋激烈的今天，“补芯”成了很多企业乃至一个国家掌握核心技术、走好自主创新之路的关键。全国五一劳动奖章获得者，杭州国芯首席技术专家梁骏，二十年如一日，带领团队在芯片“卡脖子”的关键技术上攻坚克难。

梁骏用 3 年的时间突破了 0.18 微米芯片设计的难点，又用 10 年的时间全面掌握了 40

纳米的关键技术。2020 年，一举突破 22 纳米的技术关口，自主掌握了从 0.18 微米到 22 纳米各类集成电路工艺的设计能力。22 纳米工艺，相当于在头发丝的横截面上画出 1 000 多个同心圆。几亿条电路集成在方寸之间，难免互相干扰，能否解决干扰问题成了芯片设计成败的关键。

2008 年前后，民族芯片产业刚刚起步，国外有现成的高清芯片，但售价高、成本贵。梁骏意识到了自主研发的重要性，他带着几个年轻人组建了自己的技术攻关团队，在屡战屡败、屡败屡战中坚持前行。经过一年多的大胆试错、小心验证，公司团队解决信号干扰问题后推出了第二代高清芯片，从此我国在高清卫星接收机领域实现了进口芯片的国产替代。

2015 年，面向“村村通”和“户户通”工程，梁骏主持设计了高清高集成卫星数字电视芯片，以完全自主知识产权实现了芯片技术的“安全、自主、可控”，更凭实力迅速在全球卫星接收机市场占据第一。

2018 年，响应国家推广电子雷管的号召，梁骏带领团队白天下矿山、钻隧道，晚上在实验室模拟场景、优化方案，最终设计出了具有自主知识产权的高精度电子雷管芯片，大大提高了爆破作业的安全性和可控性。

2020 年春节期间，梁骏带领团队克服疫情、隔离等困难，研发出了适用于电梯的智能语音识别控制算法，产品的应用减少了人员接触，为疫情防控提供了技术支撑。

一块芯片，方寸之间。纵观全球，芯片之争从未停止。从业 20 年，梁骏说：“只有加强自力更生的能力，靠创新驱动，未来才不会受制于人。”

（案例来源：央视网——【中国梦 · 大国工匠篇】）

思考：梁骏的创新能力都体现在哪些方面？你现在已经具备了哪些创新能力？

知识点 3　创新能力的特征

创新能力是从技术和各种实践活动领域中不断提供具有经济价值、社会价值、生态价值的新思想、新理论、新方法和新发明的能力，是运用一切已知信息产生某种独特、新颖、有社会或个人价值的产品的能力。创新能力具有以下特征。

（1）普遍性。每个人都具备一定的创新能力，人类具有改变现实的本能，以及创新所需的想象力、实践力。所以，每个人都具有创新的能力。

（2）潜在性。创新能力是一种潜在的能力。虽然每个人都具备一定的创新能力，但不会一直进行创新。只有受到强烈刺激，如迫切需求、灵感、目标等，人类的创新能力才会得到激发，才会主动进行创新活动。

（3）综合独特性。创新能力并非单一的能力，而是几种能力的综合表现。这种综合是独特的，在每个人身上的体现都不同。

（4）结构优化性。创新能力呈现出明显的结构优化特征，正是这种特征让创新能力呈现出各种各样的功能。

实例分析 4-3

让更多产业工人成为技术创新的生力军

“不是只有机器人替代工人，工人还能给机器人当‘师傅’”。天津港第一港埠有限公司拖头队副队长、高级技师成卫东代表说，他去年收了几个机器人当“徒弟”——把自己的经验技能提供给码头的人工智能运输机器人作为基础数据，并在它们遇到问题时“指点迷津”。他从自己的切身体会出发，在两会上提出“在构建技术创新体系中更好发挥基层产业工人作用”的建议，希望在我国从制造大国向制造强国迈进的过程中，一线产业工人能更好地跟上技术发展的步伐、作出更多贡献。

“春江水暖鸭先知”，在码头干了 25 年的成卫东从智能码头发展的步伐中感知到先进技术加持给传统产业带来的巨大变革，也从机器人使用过程中体会到工人依然不可或缺。产业工人身处生产的最前沿，最了解生产过程中的痛点，最清楚一线工人的需求，也最可能敏锐觉察到新技术应用、新设备使用中存在的问题，以及需要调整和提升的环节，这些都是小改小革、点滴创新的源头。

从自动化、信息化到数字化、智能化，技术创新的步伐不断加快，生产车间的变化日新月异。一个现代化车间，繁重的体力活被机器人替代，枯燥的重复劳动由机器人代劳，精细的技术活由机器人“操刀”。这些都是科技进步、技术创新带来的红利。

但如果在车间里多待一会儿，我们会发现工人尤其是技能人才的不可替代。比如，使用机器人提高了效率，但要进一步缩短某道工序的时间，还需要工人开动脑筋；使用机器人生产中出现瑕疵，需要工人分析改进。再先进的机器人也只是一个“设备”，如何让它更高效、更高质量地运转，仍有待人的“调教”。

“智造”的背后离不开产业工人的技能水平以及综合素养的提升。而在国家加大科技创新力度之际，应用层面的技术创新也不可小觑。既要有人守着实验室寻找原始创新的密码，也要有人埋头一线从实践中找寻创新痛点。无论是传统制造业还是新兴制造业，无论是工业经济还是数字经济，都离不开高素质、高技能的产业工人队伍。

（资料来源：工人日报 . 2023-03-08. 选取时有删改）

思考：从案例中你获得了哪些启发？

技能训练

【训练说明】

以小组为单位，每组 5 人，各小组人数相同。在教室选择一块相对空旷的地区，道具为蒙眼布、题板等。每组给定一个题目，要求使用肢体动作表现题目内容并传给组员，最后一位组员通过观察前面组员的动作来猜测题目。

（1）活动规则

① 除组员 1 外，所有组员蒙上眼睛，然后展示题板，组员 1 看题。

② 组员 2 摘下蒙眼布，组员 1 通过肢体动作向组员 2 表达题目内容，然后以此类推。

③ 最后一个组员摘下蒙眼布，观察前一个组员的动作，然后猜测题目内容。

④ 拿出题板，核对答案，看看有多少组答对，用时多少。

（2）注意事项

① 活动过程中，除最后一个组员外，其他人不得讲话。

② 组员之间只能靠肢体动作表达，不能借助道具。

【训练实施】

步骤一：查收题板题目。

步骤二：记录小组合作情况。

步骤三：分享成果并进行评比，填入表 4-1。

表 4-1 评 分 表

小组名称	抽取到的题目	分数	备注

任务小结

① 创新能力：主要体现于技术和各类实践活动领域，它通过不断产生具有经济价值、社会价值以及生态价值的新思想、新理论、新方法和新发明，从而推动社会进步和发展。这种能力不仅要求具备丰富的知识储备和深厚的专业素养，更需要具备敏锐的洞察力、广阔的视野和敢于突破传统的勇气。通过创新，我们能够不断开辟新的领域，解决复杂问题，为社会带来更多的福祉和进步。

② 创新能力：具有普遍性、潜在性、综合独特性、结构优化性等特征。普遍性表明无论哪个领域，创新都是不可或缺的能力；潜在性则意味着每个人都有可能发掘并展现出自身的创新能力；综合独特性强调了创新能力的综合性与独特性，它要求将不同领域的知识和思维方式进行融合，产生独特而富有价值的新想法；而结构优化性则体现在创新能力能够不断优化现有的知识结构和思维模式，推动个人和社会的持续进步。

任务 2　开发创新能力

任务目的

① 能够理解创新能力的影响因素，引导创新能力实践。

② 能够认识创新能力的构成要素，提升创新竞争力。

③ 能够掌握训练方法，全面开发自身创新能力。

【新知预览】开发创新能力

任务情境

李想是一名对新鲜事物充满好奇的大学生。最近他收到了创新思维课程老师布置的一项任务，要求选择一个现实问题或挑战，从多角度思考，通过开展市场调研，设计一个可行的商业模型或产品原型，并尝试提出一个创新解决方案。但李想发现自己即便偶尔有新颖的想法，也常常无法将想法转化为实际产品或解决方案。为了更好地完成此次任务，李明打算先从研究创新能力的开发步骤入手，借助各类科学训练，以快速开发并提升自身的创新能力。

知识储备

21 世纪是知识经济时代，也是人类飞速发展的黄金时代。在这个时代，我们需要的是具有创造力、创新精神和能运用一定管理技法去达成目标的人。创新能力是一项贯穿于人一生的技能，同学们要在大学阶段不断通过训练，使自身的创新能力得到开发，逐渐成为具有观察力、思维能力、创新能力的创造性人才。

—— 知识点 1 创新能力的影响因素 ——

在科学技术飞速发展的今天，创新意识和创新能力越来越成为一个国家国际竞争力和国际地位的最重要的决定因素。改革开放以来，我国创新能力有了很大提高，科学研究和技术创新在世界上也占有一席之地。现如今，中国的科技人力资源达到 3 850 万人，名列世界第一；研发人员 109 万人，名列世界第二。这是中国进入创新型国家行列的、任何国家无法比拟的最为宝贵的资源。有资料分析表明，我国大学生在应试能力较强，但创新能力较差，与西方发达国家存在明显差距。影响创新能力的主要因素主要有以下几个方面。

1. 人的思维方式

人的思维方式对创新能力产生深远的影响。开放性思维、勇于冒险和尝试新事物的态度以及对多样性和复杂性的接纳能力，都有助于激发创新思维，培养创新思维。

2. 知识和技能

广泛的知识背景和技能储备是发挥创新能力的基础，丰富的知识和熟练掌握的技能可以为创新提供更多的资源和工具。

3. 学习环境和组织文化

学习环境和组织文化对创新能力的形成和发展起到重要的作用。通过鼓励学习和探索、提供支持和资源的组织文化，以及积极推动知识分享和合作的学习环境，有利于培养创新能力。

4. 创新资源和支持

创新需要一定的资源和支持，例如，资金、技术设施、人才等。充足的创新资源和有效的支持体系可以帮助创新能力得到充分发挥。

5. 风险承受能力

创新常伴随着风险，有较高的风险承受能力可以促进创新能力的发挥。愿意承担失败的可能性、勇于尝试新想法的勇气和韧性是促进创新能力的关键因素。

上述因素互相作用，共同影响一个人或组织的创新能力。培养创新能力需要综合考虑这些因素，并在实践中不断提升。

实例分析 4-4

创新之路：王坚与阿里云的创新实践

王坚是阿里巴巴集团技术委员会主席，被誉为“中国云计算之父”。他的创新实践和对云计算的深刻洞察，在中国科技界产生了深远的影响。

王坚的创新之路始于对云计算的坚定信念。在当时，云计算还是一个相对陌生的概念，很多人对其持怀疑态度。但王坚却看到了其中的巨大潜力，他坚信云计算将成为未来信息技术的重要发展方向。于是，他毅然决然地带领团队投身于云计算的研发和应用中。

在阿里云创立初期，王坚面临着巨大的挑战和困难。缺乏资金、技术和市场认可，一个个问题接踵而至，但他从未放弃过对创新的追求。他带领团队日夜奋战，攻克了一个又一个技术难题，逐渐构建起了阿里云的云计算平台。

王坚不仅关注技术的实现，更关注技术的应用和价值。他强调，技术应该服务于人，解决实际问题。因此，在阿里云的发展过程中，他始终坚持以用户需求为导向，推动技术创新和应用创新。

在王坚的带领下，阿里云逐渐成长为国内领先的云计算服务提供商。它不仅为阿里巴巴集团提供了强大的技术支撑，也为众多中小企业和创业者提供了便捷的云计算服务。阿里云的成功不仅证明了王坚的创新思维和实践能力的卓越，也为中国云计算产业的发展奠定了坚实的基础。

王坚的创新实践告诉我们，创新不仅需要勇气和决心，更需要深入的理解和前瞻性的判断。只有真正理解和把握技术的本质和发展趋势，才能做出有价值的创新。同时，创新也需要有坚定的信念和持久的耐心，需要不断地尝试和失败，才能最终取得成功。

思考：结合案例，请分析如何借助创新思维训练提升自身创新能力。

—— 知识点 2　创新能力的构成要素 ——

当今社会的竞争，与其说是人才的竞争，不如说是创新能力的竞争。每个人的创新能力构成要素都不一样。通常情况下，创新能力强的人在以下几个方面的表现也会更加优秀。

1. 学习能力

这是指获取、掌握知识、方法和经验的能力，包括阅读、写作、理解、表达、记忆、收集资料、使用工具、对话和讨论等能力。

2. 创造性思维能力

这是指个体或组织通过独特的、非传统的方式来思考问题和提出解决方案的能力。创意思维能力有助于发掘新的机会，产生原创性的想法，并推动创新的实现。

3. 判断性思维能力

这是指在创新过程中，能够准确地发现和理解问题，并将其明确定义，以便寻找解决方案的能力。这种能力对于创新至关重要，因为只有明确了问题，才能找到切实可行的解决方案。

4. 想象性思维能力

这种创新能力是创新能力中的重要组成部分。在创新过程中，能够产生独特、新颖的想法和概念，能够抛开已有的框架和限制，勇于探索和创造。

5. 联想性思维能力

这是指在创新过程中，将不同的观念、概念或知识点联系在一起，从而产生新的想法和创新的思路，又称为跨界思维能力。这种能力对于问题解决、创造性思考和创新非常重要。

6. 探索性思维能力

这是指具有开拓创新思维，发现新的机会和解决方案，并在不确定和复杂的环境中适应和前进的能力。主要表现为主动探索、寻求新知、挑战常规和开拓未知领域的能力。

7. 随机应变性思维能力

这是指在面对意外情况、变化或挑战时，能够迅速调整思维方式和行动计划，寻找新的解决方案和应对策略的能力。它包括适应性、灵活性和创造性思考，以应对不确定性和复杂性的情况，从而更好地应对各种挑战和机遇。

8. 团队协作能力

这是指善于与他人合作，共享和整合各方资源和智慧，实现集体创新的能力。通过合理调配系统内的各种要素，发挥系统的整体功能，以实现目标。

9. 风险管理能力

这是指能够识别和评估风险，并做出明智的决策来推动创新的能力。

10. 用户洞察能力

这是指能够深入了解用户的需求和心理，为他们提供创新的解决方案的能力。

11. 持续学习与自我进化能力

这是指保持持续学习的态度，并不断反思、调整和改进自己的创新的能力。

上述创新能力相互交织、相互促进，能够帮助个人和组织在不断变化的环境中实现创新和持续发展。

实例分析 4-5

创新不是荒唐的想法

阿飞在一家马戏团工作，负责在场地内叫卖小食品。但每次光顾马戏团的人不多，买东西吃的人更少，尤其是饮料，很少有人问津。

有一天，阿飞的脑瓜里诞生了一个想法：向每一个买票的人赠送一包花生，借以吸引观众。但老板不同意这个“荒唐的想法”。阿飞用自己微薄的工资作担保，恳求老板让他试一试。并承诺说，如果赔钱就从工资里扣，如果盈利自己只拿一半。于是，以后的马戏团演出场地外就多了一个义务宣传员的声音：“来看马戏，买一张票送一包好吃的花生！”在阿飞不停的叫喊声中，观众比往常多了几倍。

观众们进场后，阿飞就开始叫卖起柠檬水等饮料。而绝大多数观众在吃完花生后觉得口干时都会买上一杯。一场马戏下来，营业额甚至比以往增加了十几倍！

由此可见，创新不是“荒唐的想法”，敢想敢做敢创新，就能有意想不到的收获！

思考：阿飞在此次创新的过程中，主要体现和应用了哪些方面的能力？

—— 知识点 3　创新能力的自我开发步骤 ——

开发自身创新能力的首要任务就是要克服各种思维定势，破除用老办法解决新问题的思维，使自己的思维具备创造性。

1. 克服思维定势

思维定势是随着人们知识、经验的积累，逐渐形成了一套思考问题的习惯与解决问题的方式。这种习惯与方式对解决常规的、成熟的问题是有效，但对新的问题而言，往往会变成严重的思维障碍。突破思维定势的主要途径与方法有：

（1）有创新意识。创新意识表现为不满足于现状，哪怕目前已经十分完美，也应该继续加以改进，探索并创造出新的思维与事物。与小胜则喜、故步自封、保守自大的观念截然相反，创新意识是一种强烈进取的意识，积极主动寻求变革，对新事物、新技术、新理论拥有浓厚的兴趣和敏锐的嗅觉，善于吸取和接受最新的技术和方法。

（2）大胆质疑。法国作家巴尔扎克有这样一句名言："打开一切科学大门的钥匙都毫无疑问的是问号。我们大部分的发现，都应归功于'如何'。而生活的智能大概就在于逢事都不得不问个'为什么'"。要有独立自主的思维，而不是心怀依赖，依赖心理只有靠独立自主思维去根除。

（3）立体思维。我们生活在立体的世界里，若思考问题受点、线、面的局限，则应视为非正常状态。人类生活在宇宙中的一个星球——地球上，正常的思维应有宇宙观、环球观、宏观、中观、微观、渺观。无论大和小，它存在的方式是立体的，而不是以点、线、面这种形式存在的。只有具有本应属于我们的立体思维，才可以充分发挥我们的空间想象力。

（4）暂时抛开书本。贝尔实验室的经验告诉我们，在进行新课题研究时，我们可以故意不去查看资料，先由自己设法探索实验的方法，这样可以避开现成结论造成的思维局限。

（5）建立自己的原则。以解决问题为目的，不要拘泥于任何条条框框，建立自己的处事原则，就可能化难为易。

（6）多角度思考。对于同一事物从不同角度去观察思考就会有不同的认识，或能发现问题，或能启迪思路。

（7）模棱两可思考法。在创新活动中，答案的模糊性、非唯一性可以给思维留下更多回旋余地与可能性。

（8）求异思维。有意识地进行非常规思维的思考，如从逆向思维、侧向的角度进行与众不同的思考。

2. 贯穿创新精神

创新精神就是强烈进取的思维，坚持不进则退的理念。贯穿创新精神主要表现在以下几个方面。

（1）首创精神。首创是创新的重要本质特征。首创就是要有敢为天下先的理念。有这样的精神就有了创新之魂，否则再好的方法也是无济于事。

（2）进取精神。强烈的、永不休止的进取精神就是勇于接受严峻的挑战。一个人成功最大的动力是要有"野心"，也就是要拥有对目标采取进攻的态势、不达目的誓不罢休的心态。进取精神通常包含四种意识：强烈的革新意识、强烈的成就意识、强烈的开拓意识以及强烈的竞争意识。

（3）探索精神。人们的探索欲望，常常表现为强烈的好奇心以及对真理执着的追求，为此也会产生强烈的求知欲。而强烈的求知欲，就要靠顽强的毅力、拼搏精神才能得到满足。

（4）顽强精神。没有百折不挠的毅力，没有不怕困难、不怕失败、不畏风险和抵抗压力的精神，就不可能产生创新成果。正如马克思所说："在科学上没有平坦的大道，只有不畏劳苦沿着陡峭山路攀登的人，才有希望到达光辉的顶点。”

（5）献身精神。屠呦呦作为我国著名的药学家，因在抗疟疾研究中的突破性贡献而获得了诺贝尔生理学或医学奖。她发现了一种抗疟疾的药物——青蒿素，拯救了成千上万人的生命。观察所有杰出的成功者，无一例外都是拥有崇高的理想和献身精神。

（6）求是精神。实事求是就是科学精神。创新是科学的生命所在，科学发现与物质生产不同，物质生产可以成批地复制，而在科学研究中只有第一、没有第二，对科学家独创性的承认与尊重是科学体制首要的功能表现。

3. 培养创新品格

培养自身创新品格，可以从以下几个方面着手。

（1）利用心理暗示提升心理素质。利用心理暗示提升心理素质有一个比较简单的方法，就是经常默念简洁、明确、正面、充满自信的口号。法国心理学家艾米尔·古埃是自动暗示领域的开拓者。他写下这样的话：“每天，在我生活的每一个方面我都越来越好。”他每天都大声地重复这句话一百次，每天都带着强烈的信念和愿望为自己鼓劲和加油。古埃说，每天都这样做的人，他必定会成为某个领域的专家。心理学认为没有任何一个简单的口号可以在一夜之间改变人的人格，不能指望一次就改变所有的东西，而需要每天坚持这样的自我暗示。

（2）改变自己，分析自己。改变自己是最难的事，创新者改变了自己，也就改变了所处的世界。改变自己当然要靠自己。许多杰出成功人士也有信心不足、迷茫、挫败、失望甚至绝望的经历。德国著名音乐家贝多芬曾经说过：“卓越的人一大的优点是，在不利与艰难的遭遇百折不挠。”贝多芬的童年充满阴影，但他也并没有因此放弃音乐，而是坚持踏上音乐生涯。在中年时期，他更是受到了重大的挫折，渐渐开始出现耳鸣等状况。但凭借着他对音乐的熟悉，他坚持在舞台上根据自己的感官和肢体来演奏。虽然他双耳失鸣，但是他还是把余生的热情投入到音乐中，并为人类历史上留下了不朽的。接触成功人士，拜成功人士为师，都会使自己获得自信，改变自己。

（3）树立必胜的信念。创新者的核心信念是指杰出的创新者所特有的、共有的信念。如果创新者拥有了这些信念并把它作为生活中思考的内容，创新者就会有积极的、健康的、创新的思维方式。核心信念将促进创新者具有优质的自我表象，这是创新者必须具有的自我表象。

4. 培养个人兴趣

（1）树立民族责任感和强烈的事业心。兴趣是人生最好的老师，但兴趣是可以培养的，也是可以转移的。南仁东，中国著名天文学家，FAST（五百米口径球面射电望远镜）工程的发起者和奠基人。然而，他的职业生涯并非一开始就与天文学紧密相连。最初，他从清华大学毕业，成为一名电子工程师。在一次偶然的机会中，南仁东接触到了天文学并被宇宙的浩瀚和神秘深深吸引，他深知，天文学研究对于提升国家的科技实力，推动科技进步有重要意义。在接下来的岁月里，南仁东全身心投入到 FAST 工程的建设中。他克服了重重困难，带领团队攻克了一个又一个技术难题。最终，FAST 工程成功建成并投入使用，成为世界上口径最大的射电望远镜，为中国的天文学研究树立了一个新的里程碑。

（2）强化培养兴趣的主观意识。每门学科、每项技术都有其特有的魅力，都值得品味。体验到其中的乐趣和内在的美，就会培养出浓厚的兴趣。之所以强调培养对学科的兴趣是因为人们对自己感兴趣的东西会觉得有吸引力，自然就会对接触的事物产生兴趣，形成创新的思想基础。

（3）经常保持好奇心。好奇心是创新能力开发的一个重要因素，好奇心可以使人产生兴趣并驱动创新和创造。但一般情况下，人们的好奇心容易被激发，却难以保持，所以培养兴趣的很重要的一点是保持已有的好奇心。追求创新有三个层次：一是掌握知识；二是发展能力；三是形成良好的人格品质。好奇心对形成良好的人格品质具有极为重要的作用。

（4）早日进入创新境界。创新、创造和发明具有无限的永恒的魅力。有志于开发自己的创新能力，尽早进入新境界，让创新不断完善和充实自己的人生才是无愧无悔的人生。俄国地理学家克鲁泡特金说：“一个人只要一生中体验过一次科学创造的欢乐，就会终生难忘。”创新可以使创新者拥有快乐的人生，通过开发创新的活动，创新者会具有创新思维，并逐步提升自己的创新能力，人人都可摘取创新的成果，当创新者获得了发明和创造成果的时候，创新者的世界观、人生观、价值观就会发生根本性的变革。

5. 意志品质的培养

意志是人们在社会实践中坚持不懈、长期保持的一种坚定毅力，是创新者最可贵的品质，是创新者勇往直前、顽强克服困难险阻的心理品格。英国作家狄更斯指出：“顽强的毅力可以征服世界上任何一座高峰”。意志是创新者不可缺少的心理素质。创新者要培养意志品质，可以从以下几个方面着手。

（1）树立远大且能够被实现的奋斗目标。

（2）在创新活动实践中获得意志品质的锻炼和体验。

（3）针对自己意志品质的特点，有目的地加强自我锻炼。

（4）依靠纪律的约束加强自律，以规范自己的行为。

（5）多参加有助于磨炼意志的体育活动，如登山、游泳、徒步等，在锻炼身体的同时，培养自己的意志品质。

6. 质疑精神的培养

创新的智慧源于问题的提出，也就是质疑，提出“为什么”。正是提出“为什么”，才能让创新欲望激发出来，培育创新能力。杰出的创新者，敢于疑人所不疑，善于想人所未想，干别人所不干的事。成功的经验表明，通过质疑，才会具有独立思维的品格。质疑精神的自我培养可以从以下几个方面着手。

（1）与信心的培养相结合。有了自信，有了一个良好的心态，才会独立思考，质疑精神会自然产生。不自信就会盲目顺从、迷信权威、甘于平庸。

（2）保持注意力。注意力是人智力的有机组成部分，心理学研究表明，有意记忆的效果比无意记忆的效果好，保持注意力的高度集中是有效分析问题、解决问题的必要条件。

（3）遇到问题，坚持从多方面、多角度进行思考和解决。

（4）理智地控制自我，在未发现自己错误之前，要坚持己见而不随波逐流。

实例分析 4-6

蔡磊：逆境中的创新勇士，用科技书写生命华章

京东集团原副总裁蔡磊，在商业领域有着非凡的成绩。29 岁担任万科总税务师，30 多岁成为京东副总裁，他身上还有“中国新经济领军人物”“中国改革贡献人物”“中国电子发票第一人”等头衔。但在 41 岁之后，他却成为“中国最有名的渐冻症患者”。

然而，蔡磊并没有被病魔击垮，相反，他选择了用科技的力量来对抗疾病，同时也开启了他的创业之路。在 2020 年，蔡磊创建了一家医疗科技公司，以研究渐冻症为主。为了搭建患者科研数据库，他被不少病友以为是骗子。为了找人融资，他拖着病体重回商界，但得到的却是“痴人说梦”“下次再谈”，甚至有人直接给了他 500 万元叫他不要再折腾了。

没有人投资，蔡磊就自己往里面添钱，至今已投入了上千万元，搭建起了世界最大的民间渐冻症数据平台和国内最大的渐冻症药物快速动物试验平台；他还成立了一个像诺贝尔奖那样可以永久续存的信托基金，以帮助更多的渐冻症患者。

2022 年，蔡磊还做出了一个重要的决定：联合 1 000 多位病友，捐献脑组织和脊髓组织，供医学研究使用。在患病的这四年来，即使左手已经完全废用，右手也即将完全丧失功能，但蔡磊仍然每天工作十六七个小时，全年无休，每分每秒都在为推动新药研发而战斗。

好在，在身体被“冻”上之前，他们取得了巨大的进步，药物研发的时间从 15 年缩短至 5 年，他的渐冻症研发团队也已经建立了 6 条药物研发线。但渐冻症药物的研发依旧困难重重，而蔡磊说他只想在倒下之前救活 50 万人，他也会继续战斗到最后一天。

就像他说的：纵使不敌，也不屈服。生命的力量就在于不向逆境低头，他可以被毁灭，但不会被打败！

思考：蔡磊在一次次地创业中，是如何保持热情的？你得到哪些启发？

技能训练

【训练说明】

班级教室需要进行主题装饰，请你组织一个 4~6 人的团队，运用各类创新方法，策划装饰风格，并记录讨论过程。通过任务训练同学们综合创新能力，并培养团队协作精神。

【训练实施】

步骤一：策划装饰主题。

步骤二：小组合作情况记录，填入表 4-2。

表 4-2 团队成员完成过程记录

讨论主题：	
主持人：	记录人：
参与者及其擅长领域	

续表

列出出彩的创意设想	
会议总结（解决方案）	
此次收集的创意总数：	较为不错的创意个数：
你对此次讨论会议的综合满意度： □不满意　□尚可　□满意　□非常满意	
实践总结	

步骤三：分享成果并进行评比，填入表 4-3。

表 4-3　评　分　表

小组名称	抽取到的题目	分数	备注

任务小结

① 创新能力的影响因素：创新能力受到多方面因素的共同影响，包括思维方式、知识和技能、学习环境和组织文化、创新资源和支持、风险承受能力等因素影响。

② 开发创新能力：要开发并提升创新能力，我们可以从多个方面着手进行训练。首先，要勇于克服思维定势，打破固有的思维框架，以全新的视角看待问题。其次，要始终贯穿创新精神，积极寻求新的解决方案，不断挑战自我和现状。此外，还需努力培养自我

的创新品格，包括勇于探索、敢于实践、不怕失败等品质。同时，培养广泛的兴趣爱好，能够激发我们的好奇心和求知欲，为创新提供更多灵感。再者，坚定的意志品质也是创新能力的重要组成部分，它能帮助我们在面对困难和挑战时坚持不懈。最后，培养质疑精神，敢于对既有观念和做法提出疑问，是推动创新的重要动力。通过这些方面的训练和提升，我们可以逐步增强自身的创新能力。

项目五

玩转商业模式乾坤

学习目标

》知识目标

① 掌握商业模式的内涵和构成要素。

② 了解商业模式的评价指标。

③ 熟识商业计划书的概念和作用。

》能力目标

① 掌握商业模式的构成要素，并绘制六要素商业模式画布。

② 掌握商业模式创新的步骤，并对企业的商业模式进行识别和分析。

③ 掌握商业计划书的结构和编写流程。

》素质目标

① 树立造福社会的核心价值观，设定正确的创业目标。

② 培养注重团结协作，具备良好的团队协作精神。

导师寄语

海尔创始人张瑞敏认为，商业模式“说到底就是消费者价值最大化，只要符合了这一点就没问题。如果脱离了消费者价值最大化，搞各种复杂的模型和公式都没有用。商业模式是一个让消费者和企业双赢的方式，不是一个模型”。

创业不是只凭一腔激情和一个想法就能够成功的，在创业之前，创业者必须思考怎样盈利，围绕怎样盈利这个核心延伸出的一整套方法就是商业模式。创业者只有拥有明确的商业模式和创业计划才能创业成功。

学习地图

- 项目五 玩转商业模式乾坤
  - 任务1 认识商业模式
    - 知识点1 商业模式概述
    - 知识点2 商业模式的构成要素
  - 任务2 解析商业模式
    - 知识点1 商业模式的评价指标
    - 知识点2 商业模式创新的步骤
    - 知识点3 商业模式的常见类型
  - 任务3 创新商业模式
    - 知识点1 商业计划书概述
    - 知识点2 商业计划书的结构和编写流程

任务 1 认识商业模式

任务目的

① 能够了解商业模式的内涵，提升商业洞察力。
② 能够掌握商业模式的构成要素，提升决策能力。
③ 能够绘制六要素商业模式画布，增强创新能力。

【新知预览】了解商业模式

任务情境

李小明是一名就读于工商管理专业的大二学生。为了提升他对商业实践的理解能力，老师布置了一项学习任务——深入了解商业模式，并要求结合所学知识，分析实际案例，提出自己的观点和建议。

知识储备

"管理学之父"彼得 · 德鲁克曾经说过："当今企业之间的竞争，已经不是产品之间的竞争，而是商业思维、商业模式之间的竞争。"进入数字经济时代以后，与人们生活相关的各个行业都发生了巨大的变革。中国不断增强的经济实力让商业竞争进入到一个新阶段，市场已从过去的产业链竞争、产品竞争慢慢向商业模式竞争转变。商业模式竞争不仅意味着寻找和设计更先进的商业模式，更意味创业者需要从新的商业模式中发觉空白市场和新市场，从而在市场上占据先发优势，构筑属于自己的结构性壁垒。在当今快速变化的商业环境中，商业模式的重要性日益凸显。想要在商业模式竞争中取得优势，需要了解商业模式的基本概念和构成要素，才能更好地理解各种商业模式的变化，透过表象抓住商业模式设计的本质。

— 知识点 1 商业模式概述 —

商业模式创新并非新生事物，商业模式创新是为了给企业、客户和社会创造价值，是为了淘汰落后的模式。早在 1950 年，国际信用卡组织之一的大来卡就在实践着商业模式创新。商业模式一词最早出现在 1957 年的商业类学术论文中，但直到 20 世纪 90 年代才流行开来。商业模式的定义及构成要素有多个版本，以下几个版本的关注度比较高。

美国宾夕法尼亚大学沃顿商学院教授阿米特和西班牙 IESE 商学院教授楚托夫认为，商业模式是以用户价值创造为核心的活动系统，主要由三大要素构成：活动内容、活动的连接和对活动的治理。

瑞士商业作家亚历山大 · 奥斯特瓦德和洛桑大学教授伊夫 · 皮尼厄等学者认为，商业模式是一家公司提供给一个或几个细分顾客和公司架构体系及合作伙伴网络的价值，公司创造、营销、传递这些价值和关系是为了产生盈利性的可持续的收益流。他们提出了商业模式九要素模型：重要伙伴、关键业务、核心资源、价值主张、客户关系、渠道通路、客户细分、成本结构、收入来源。

哈佛商学院教授克莱顿 · 克里斯坦森提出了商业模式的四大要素：客户价值主张、盈利模式、关键资源、关键流程。各部分之间的关系复杂、相互依靠。任何一个要素发生大的变化，都会对其他要素和整体产生影响。

北京大学教授魏炜和清华大学教授朱武祥认为，商业模式就是从事业务活动的利益相关者之间的交易结构。利益相关者包括独立的企业，也包括企业的内部利益单元，如部门、业务单元或者是员工。在基于交易的网络结构当中，利益相关者所采取的盈利模式是各不相同的。商业模式的研究对象就是焦点企业（其商业模式被研究的企业）与形形色色的利益相关者的各种交易，其构成至少包括三个方面的内容：交易主体（谁参与交易）、交易方式（如何交易）、交易定价（收支来源是什么，收支方式是什么，何时收付，价格是多少）。他们提出了商业模式六要素模型：业务系统、定位、盈利模式、关键资源 / 能力、现金流结构和企业价值。其中企业价值是商业模式的结果，其他五个要素紧紧围绕利益相关者的交易结构。

任何一种商业模式，其最本质的目的就是挖掘或者满足消费者可能存在或者已经存在的消费需求，为客户创造核心价值。在实现这一目标的过程中，各种商业要素和模式都需要整合为一体，进而将更具有价值、更新颖的服务或者商品呈现给消费者。

实例分析 5-1

商业模式创新：社区团购

社区团购以微信社群或小程序为载体，通过预售和团购的方式，将商品直接送到消费者手中。这种商业模式通过集中化管理运营，实现了高效的物流配送和成本控制。

社区团购的核心在于其创新的供应链管理和运营模式。首先，它利用社交媒体的普及，通过微信群或小程序等渠道，将消费者聚集在一起，形成大规模的团购需求。然后，通过精准的采购和供应链管理，实现商品的快速配送和低成本运营。此外，社区团购还注重与本地供应商的合作，提供符合当地消费者需求的商品，进一步提升了市场竞争力。

社区团购的成功在于其满足了消费者对便捷、实惠购物的需求，同时也为商家提供了更广阔的市场和更低的运营成本。随着社区团购模式的不断完善和发展，它有望成为未来电商领域的重要力量。

值得注意的是，社区团购的商业模式也在不断创新和演进。例如，一些平台开始尝试引入更多的服务，如生鲜配送、家政服务等，以进一步满足消费者的多元化需求。同时，一些平台还通过大数据分析等技术手段，精准推送个性化的商品和服务，提升了用户体验和黏性。

社区团购作为不仅为消费者带来了更便捷、实惠的购物体验，也为商家提供了更广阔的市场和更低的运营成本，具有广阔的发展前景和潜力。

思考：请结合所学内容，分析社区团购模式的六要素分别是什么。你觉得这种新型的商业模式未来会取代传统的零售行业吗？为什么？

— 知识点 2 商业模式的构成要素 —

如前所述，商业模式创新设计当今没有统一的一种模式，而且设计的要素也多种多样，有三要素模型、四要素模型、九要素模型、十一要素模型等。在此，我们介绍一种较为通俗易懂且非常实用的一种设计要素模型——商业模式的六要素模型，如图 5-1 所示。

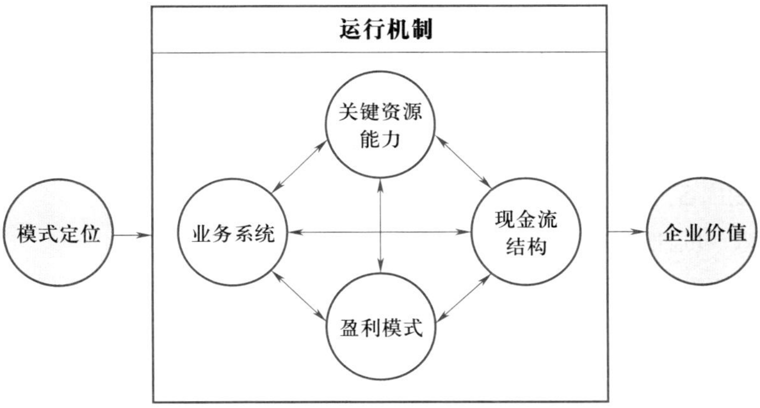

图 5-1 商业模式的六要素模型

商业模式的六要素模型以模式定位为起点，通过交易的运行机制产生最终的企业价值。这六个要素包含了企业在设计商业模式时需要考虑的维度。

1. 定位——利益相关者需求的满足方式

在商业理论上，不同的定位聚焦点并不相同。在营销领域里，定位重视的是客户的需求是什么，我们的产品如何提供有效的价值主张来打动客户。战略领域的定位则聚焦在客户是谁，我们需要怎样的产品来满足客户的需求。商业模式的定位则聚焦在利益相关者族群，不同的利益相关者有不同的需求，应以什么样的方式满足他们的需求。利益相关者并不仅仅只是客户，还包括渠道、供应商、员工等不同的合作伙伴，不同的利益相关者族群，定位不一定相同。

商业模式的定位聚焦在满足方式上。不同的满足方式牵涉不同的利益相关者，交易的逻辑不一样，商业模式定位也各不相同。一个好的商业模式，应当选择满足方式效率最高的那种。按照交易的产权类型和按照交易过程分类，满足方式有产品、服务、解决方案和盈利工具四种类型，如图 5-2 所示。

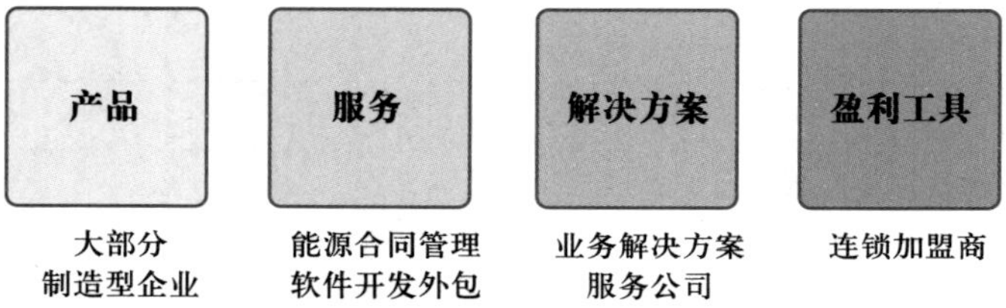

图 5-2 利益相关者需求的四种满足方式

2. 业务系统——整个交易结构的构型、角色、关系（交易结构）

业务系统反映的是企业与其内外各种利益相关者之间的交易关系、交易网络的构型、利益相关方（网络节点）的角色，即它从事什么样的业务活动，用什么样的资源从事这些业务活动，这些业务活动作用于资源上的产出或者功能是什么。业务活动系统表达了交易结构的框架。

业务系统由角色、关系和构型三部分组成。

① 角色。拥有具体资源与能力的利益相关者。

② 关系。主要描述利益相关者之间的控制权和剩余收益索取权等权力如何配置（利益相关者的交易内容、方式与治理结构）。

③ 构型。利益相关者及其连接方式所形成的网络拓扑结构。

业务系统可以运用交易五线图描述。交易五线图由 5 条主线构成，包括企业主体、供应伙伴、市场伙伴、供应上游、客户在内的 5 种重要的利益相关者，如图 5-3 所示。

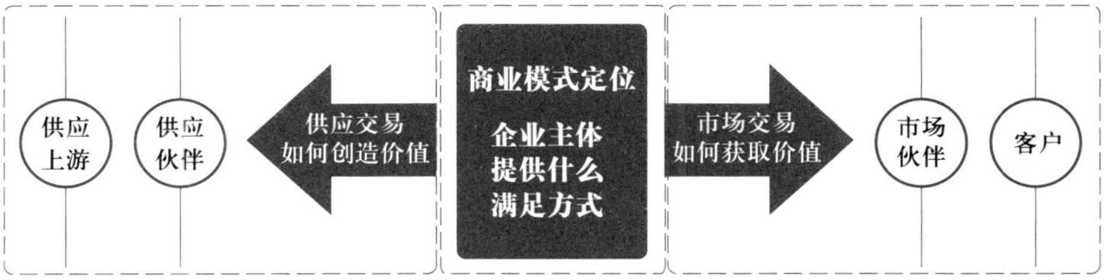

图 5-3　交易五线图

3. 关键资源 / 能力——支撑交易结构的重要资源和能力

关键资源 / 能力就是在整个商业模式中，在业务活动的运作过程中需要投入的“资源与能力”，影响整个模式运作的成败。关键资源 / 能力可分为企业资源与企业能力两种，而资源可以切割其权利并分配给不同的利益相关者。“资源”就是企业所控制的，能够使企业构思和设计好的战略得到实施，从而提高企业经营效果和效率的特性，包括全部的财产、能力、竞争力、组织程序、企业特性、数据、信息、知识等。“能力”是指企业协作和利用其他资源的内部特性。“能力”是由一系列活动构成的，可以出现在特定的业务职能中，它们也可能与特定技术或产品设计相联系，或存在于管理业务活动环节（价值链）各要素的联系或协调这些活动的能力之中。在商业模式的设计中，“能力”是用效率和效果的高低来衡量其重要性，如表 5-1 所示。

表 5-1　常见的企业资源和能力

企业资源	金融资源	来自各利益相关者的货币资源或可交换为货币的资源，如权益所有者、债券持有者、银行的金融资产、企业留存收益等
	实物资源	包括实物技术（如企业的计算机软硬件技术）、厂房设备、地理位置等
	人力资源	企业中的训练、经验、判断能力、智力、关系以及管理人员和员工的洞察力、专业技能和知识、交流和相互影响的能力、动机等
	信息资源	丰富的相关产品信息、系统和软件、专业知识、深厚的市场渠道，通过此渠道可以获取有价值的需求供应变化的信息等
	无形资源	技术、商誉、文化、品牌、知识产权、专利等
	客户关系	客户中的威信、客户接触面和接触途径、客户互动程度、参与客户需求的产生、忠实的用户群体
	公司网络	公司拥有的广泛的关系网络
	战略不动产	相对于后来者或位置靠后些的竞争者来说，战略不动产能够使公司进入新市场时获得成本优势，以便更快增长，如已有的设备规模、方便进入相关业务的位置等

续表

企业能力	组织能力	企业承担特定业务活动的能力，如正式报告结构、正式或非正式的计划、控制以及协调系统、文化和声誉、员工或内部群体之间的非正式关系、企业与环境的非正式关系等
	物资能力	原材料供应、零部件制造、部件组装和测试、产品制造、仓储、分销、配送等能力
	交易能力	订单处理、发货管理、流程控制、库存管理、预测、投诉处理、采购管理、付款处理、收款管理等
	知识能力	如产品设计和开发能力、品牌建设和管理能力、顾客需求引导能力、市场信息的获取和处理能力等
	机会识别能力	对环境和机会的敏感性和感知能力、正确判断该机会的性质的能力等

企业内有各种资源 / 能力，具体包括：企业自身拥有但非模式运作所需要的，称为“富余资源 / 能力”；企业主体外的利益相关者拥有但是在模式运作中用不上的称为“无关资源 / 能力”；如果是企业内部拥有同时是模式运作所需要的，称为“优势资源 / 能力”，也代表主体企业所拥有的优势；如果是企业内部不具备或者不够强的，却是完成模式运作所需要的，称为“劣势资源 / 能力”，也代表主体企业需要弥补的关键劣势，业务环节所需资源 / 能力分析矩阵如图 5-4 所示。

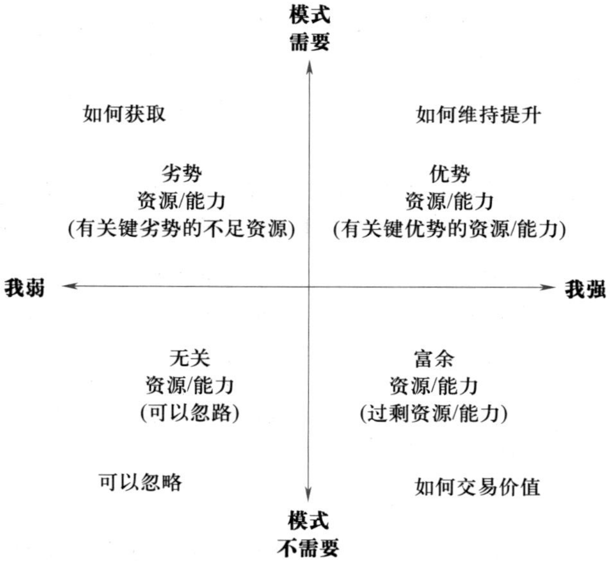

图 5-4 业务环节所需资源 / 能力分析矩阵

在设计新的商业模式时，需要分析所需的相关资源 / 能力，进一步找到匹配的利益相关者，如果企业内部没有相应的资源 / 能力，就应该到外部寻找。如果该资源 / 能力会影响整个模式的成败，企业就必须自己掌握。

4. 盈利模式——与交易方的收支来源及收支方式

企业的收入减去支出就是盈利，盈利模式就是研究关于企业收入与支出的问题。盈利模式主要分两个部分：一个是收入与支出来源，另一个是收入与支出方式。

收入方式大致可以分为以下几种。

① 一次：一锤子买卖，只收取一次费用，即传统的产品销售方式；

② 计量：依据使用量来计费，例如水费、电费、油费、通话费；

③ 计时：依据使用时间计费，例如租金、停车费；

④ 计次：先付费后依据使用次数扣除，例如健身计次卡，或者一个设备按照使用次数收费、大型复印机（按打印纸张付费）、有绑定作用的耗材；

⑤ 分享：与客户分成，分享售后利润，例如房屋中介；

⑥ 免费：将重要的产品或服务免费提供以获取独特价值，例如百度搜索。

支出方式，在我们的框架下，可以概括为以下几种。

① 固定：直接支付固定价格给合作伙伴，即一般性运营费用，例如房租、薪资、营销费用；

② 剩余：扣除成本后剩余利润的分配，企业经营绩效与利益相关者绑定较强，例如加盟形式的合作；

③ 分成：销售额的比例分成，经营绩效与利益相关者的绑定较低，例如培训单位与渠道的分成模式。为了区分是“营收分成”还是“利润分成”，我们刻意区分为“剩余 / 分成”。

企业的收支状况可以展现在收支方式图里，如图 5-5 所示。收支方式图可分为左右两个部分，横轴左边为支出，右边为收入。纵轴以收入支出的时序大致可分为：即时，一手交钱一手交货；月度，以月度结算；季度，以季度结算；年度，以半年或整

收支方式图　　项目名称：

	支出			收入					
	固定	剩余	分成	一次	计量	计时	计次	分享	免费
即时									
月度									
季度									
年度									

图 5-5　收支方式图

年结算。

收支来源 PM 图的定义是针对某一服务或产品的，一家企业可能有不同的产品 / 服务，其 PM 位置也不同，同时还受第三方伙伴与第三方顾客的定义不同而有所不同。当市场对一种产品的需求不断增长时，产品供给可以随之增长而不受资源约束，它可以无穷无尽地随着需求而供给，而不需要追加生产它的资源和成本。我们把这种产品叫作边际非稀缺产品，其竞争力更强。

收支来源 PM 图是一种视觉化展现盈利模式竞争力的方式，可以直观表示企业采取的盈利模式竞争力。每个 PM 数字对应一种收支来源的展现，如图 5-6 所示。

收支来源PM图

	直接顾客	顾客+第三方	第三方
零可变成本	PM_9	PM_{10}	PM_{11}
伙伴	PM_6	PM_7	PM_8
伙伴+企业	PM_3	PM_4	PM_5
企业	PM_0	PM_1	PM_2

图 5-6 收支来源 PM 图

PM_0：成本由企业承担，收入来源于直接顾客。大部分企业、大部分制造产品的工厂属于这种。

PM_1：成本由企业承担，收入来源于直接顾客和第三方顾客。传统报纸属于这种。

PM_2：成本由企业承担，收入来源于第三方顾客。曾经流行于地铁派送的免费报纸即属于这种。

PM_3：成本由企业与第三方伙伴共同承担，收入来源于直接顾客。

PM_4：成本由企业与第三方伙伴共同承担，收入来源于直接顾客和第三方顾客。电影制作公司成本由自身以及投资商负担，收入来自票房以及植入广告。

PM_5：成本由企业与第三方伙伴共同承担，收入来源于第三方顾客。综艺节目通常由卫视参与投资，而收入来源于广告商。

PM_6：成本由第三方伙伴承担，收入来源于直接顾客。许多商务论坛成本包括场地费用与演讲嘉宾由赞助商负担，收入来自观众购票。

PM_7：成本由第三方伙伴承担，收入来源于直接顾客以及第三方顾客。例如，线上听音乐的软件，音乐成本来源于音乐公司，收入来源于付费会员及广告。

PM_8：成本由第三方伙伴承担，收入来源于第三方顾客。如选秀节目。

PM_9：成本为零可变成本（边际成本为零），每新增一个用户，或者给每个用户新增一项服务的新增成本接近于零，收入来源于直接顾客，例如，金山办公软件。

PM_{10}：成本为零可变成本（边际成本为零），大部分企业通过提供免费商品或服务吸引海量用户，依靠需要更好的服务 / 商品的顾客支付额外费用，免费商品 / 服务则内嵌于第三方的广告，例如，目前许多手机中的免费 App。

PM_{11}：成本为零可变成本（边际成本为零），收入完全来源于第三方。例如，百度搜索引擎，用户搜索信息免费，企业从信息展示的广告中向第三方收费。

5. 现金流结构——在时间序列上现金流的比例关系

现金流结构是企业经营过程中产生的现金收入扣除现金投资后的状况，其贴现值反映了采用该商业模式的企业的投资价值。不同的现金流结构反映企业在定位、业务系统、关键资源 / 能力以及盈利模式等方面的差异，体现企业商业模式的不同特征并影响企业成长速度的快慢，决定企业投资价值的高低、企业投资价值递增速度以及受资本市场青睐的程度。

基本上，企业的现金流可以从三个方面来探讨，包括经营活动产生的现金流、投资活动产生的现金流、筹资活动产生的现金流。现金流结构梳理的重点在于企业现金的流向、收入与支出的流程。

6. 企业价值——企业的投资价值

企业价值是企业预期未来可以产生的自由现金流的贴现值，也是评判企业商业模式优劣的标准。企业价值是企业商业模式构建和创新的目标与最终实现结果。

将上述六大要素整理到一起，就形成了六要素商业模式画布。商业模式画布是用来描述和分析企业、组织如何创造价值、传递价值、获得价值的基本原理和工具，它能够帮助企业明晰商业运行规则。商业模式画布不仅能够帮助团队催生创意、减少猜测、锁定目标用户、合理解决问题，而且能够使商业模式可视化，能使用统一的语言讨论不同的商业领域，让复杂的问题变得简单明了，六要素商业模式画布如图 5-7 所示。

商业模式是交易的结构，可以说，商业模式设计的是一个逻辑框架，因此改变后要落地会牵涉许多环节。比如，连锁门店向外开辟分店时，是选择直营还是开放加盟？加盟店的管理属于半控制还是全放任？不同的选择会有不同的交易关系与交易活动，当我们能够快速理解别人的商业模式，并画出对方的商业模式时，就能够更清晰地梳理自己的商业模式，我们才能更有依据，创新重构自己企业的模式。

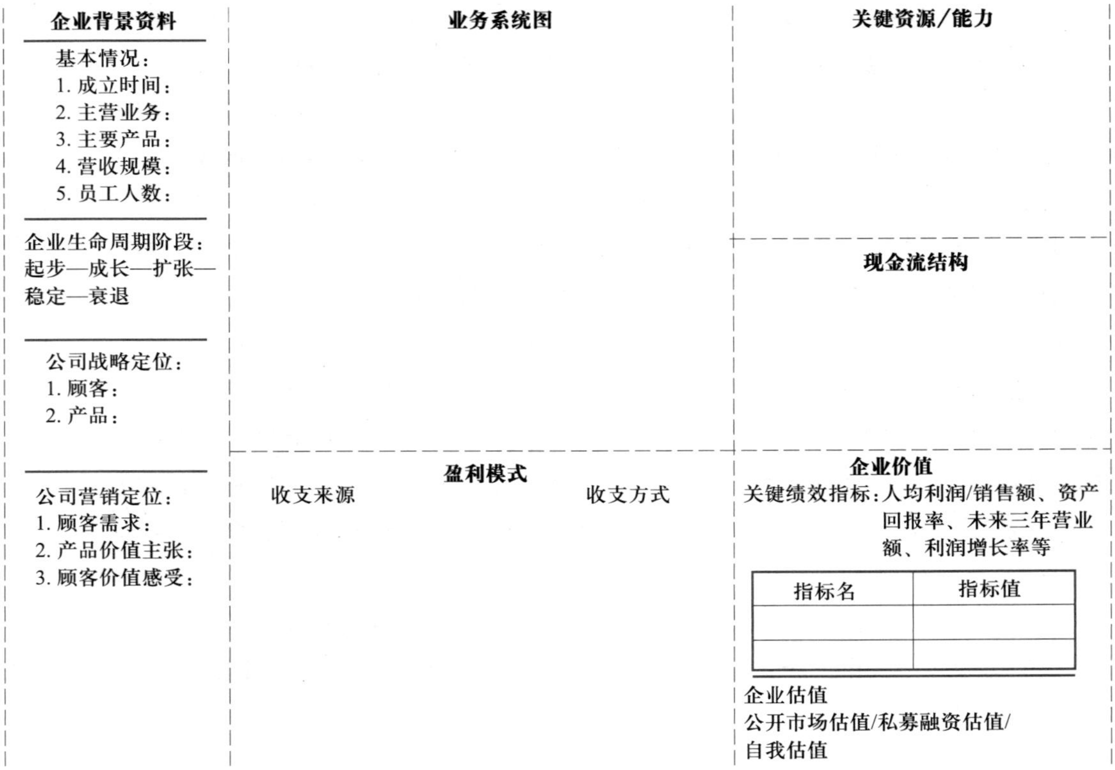

图 5–7　六要素商业模式画布

技能训练

【训练说明】

绘制六要素商业模式画布。以小组为单位，通过绘制六要素商业模式画布，完善项目的整体商业模式，进行可行性测试。

【训练实施】

步骤一：将一张足够大的商业模式画布贴在白板上或墙上。

步骤二：核心团队成员全部参与模式讨论。

步骤三：针对商业模式的六大要素逐一进行讨论。

步骤四：业务系统图使用交易五线图进行描述。

步骤五：盈利模式使用收支方式图和收支来源 PM 图进行描述。

任务小结

① 商业模式：无论是在历史悠久的商业领域还是日新月异的互联网行业，想要在激烈的商业模式竞争中脱颖而出，首要任务便是深入理解商业模式的基本概念及其核心构成要素。只有掌握了这些基础知识，才能更精准地把握各种商业模式的变化趋势，透过纷繁复杂的表象，洞察商业模式设计的内在本质。这样，便能更有针对性地优化和创新自身的商业模式，从而在市场竞争中占据有利地位。

② 商业模式的六要素：商业模式的六要素模型以明确的模式定位作为起点，通过精心设计的交易运行机制，最终实现企业价值的创造与提升。具体而言，定位要素指的是企业在市场中的发展方向和竞争策略；业务系统要素涵盖了企业内部的运营流程、组织结构以及与其他企业或合作伙伴之间的合作方式；关键资源/能力要素则是指企业在运营过程中所需的核心资源和关键能力；盈利模式要素关注的是企业如何通过产品或服务实现盈利；现金流结构要素则涉及企业资金的流入流出以及现金流的管理与优化；最后，企业价值要素体现了商业模式最终所创造的经济价值和社会价值。通过全面考虑这六个要素，企业能够设计出更加合理、高效的商业模式，从而在市场竞争中取得优势。

③ 商业模式画布：商业模式画布是一种强大的工具，它旨在深入描述和分析企业、组织创造价值、传递价值、获取价值的核心原理和机制。通过运用这一工具，企业能够更清晰地掌握商业运行的基本规则，进而优化自身运营策略。当我们能够迅速理解并绘制出他人的商业模式时，不仅有助于我们更系统地梳理自身的商业模式，还能为我们提供有力的依据，以便更有针对性地创新并重构企业自身的商业模式。

任务 2　解析商业模式

任务目的

① 能够根据四大评价指标设计商业模式。

② 能够掌握商业模式创新的步骤。

③ 能够了解常见的商业模式。

【新知预览】洞察商业模式的创新机会

任务情境

在快速变化的商业环境中，大学生李明作为商学院的学生，深感商业模式创新的重要性。他意识到，随着科技的迅速发展和消费者需求的多样化，传统的商业模式已经不能满足市场的需要，因此，他决定深入研究并洞察新的商业模式创新机会。

知识储备

洞察商业模式的创新机会有很多作用。它可以提高创新能力，增加创业机会，并帮助适应不断变化的市场环境。此外，它还可以建立全面的商业知识结构，从行业的角度更深入地了解市场和客户。对于初创企业而言，设计出一个可供执行的商业模式是必要之举。在商业模式上，没有最好，只有最合适。

—— 知识点 1 商业模式的评价指标 ——

商业模式的评价指标就是给商业模式的要素与功能一些量化指标，商业模式评价的要素包括评价主体、评价指标体系与评价方法。对企业商业模式的评价，不仅仅是对它的组成要素的评价，主要还是为了进一步理解企业如何盈利。无论如何分解，商业模式都是一个整体。人们对商业模式的评价，首先是对这个整体的评价。一个成功的商业模式，可以帮助企业更高效地赢得市场竞争，实现快速增长，而没有明确商业模式的企业不仅无法打动投资人，甚至可能会在创业过程中迷失方向。

在设计商业模式时，企业应重点从这四个方面入手。

1. 定位精准

定位细分市场是最好的消费者体验，节省推广成本，也可以让消费者更方便、快捷地找到想要的信息，让消费者愿意为此付费。但并不是随意找一个细分市场并提供优质的产品和服务就可以成就一个优秀的市场定位。关键在于，要寻找一个扩展快、壁垒高、风险低的市场。

2. 扩展快

关键资源是否快速扩展，是衡量商业模式能否迅速做大及拥有盈利能力的关键因素。任何企业的收入规模根本上都取决于消费者数量和平均消费者贡献两个因素。要想快速增长，就要设计出能够快速增加付费消费者数量的各种策略，或是提高平均消费者的贡献额。

3. 壁垒高

好的商业模式一定要和自身的优势紧密结合起来，最好是自己独有的优势，构筑出较高的竞争壁垒，否则竞争对手就能轻易模仿你的商业模式，这对企业而言是致命的。

4. 风险低

设计商业模式需要综合评估企业可能面临的各种风险，这里的风险包括政策和法律风险、行业竞争风险、潜在的替代品威胁、价值链龙头威胁等。评估风险的最终目标是要识别出所有可能的风险，制订相应的应对策略，使风险能够保持在合理的范围内，确保风险可控。

— 知识点 2 商业模式创新的步骤 —

商业模式的创新与改造无法一蹴而就，需要经历至少一个或一个以上的往复过程，商业模式的创新包括五个步骤（图 5–8）：梳理描述—创新洞见—设计模式—评估决策—实施反馈。

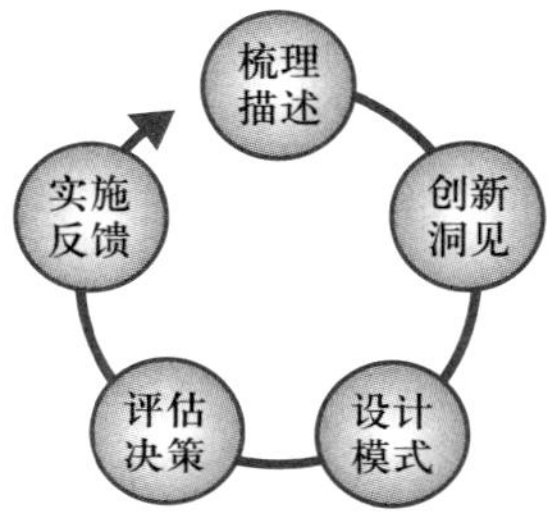

图 5–8 商业模式创新的步骤

1. 梳理描述（画像）

所谓的画像描述，就是描述要进入某一个行业、某一个商业生态的企业（自己想梳理或创立的焦点企业）现有的商业模式或设想的商业模式，描述竞争对手或其他行业中的一些标杆企业的商业模式，对这类企业的商业模式进行扫描，或者说，要把它们的商业模式用商业模式六要素进行描述。

2. 创新洞见

通过这一步骤，我们可以发现自身或竞争对手现有的模式存在哪些痛点和盲点，存在哪些创造和改进的机会点。

3. 设计模式

当我们把前述的利益相关方以及其资源 / 能力挖掘出来之后，就可以套用商业模式的概念框架，套用“六要素”的概念，从不同的要素角度出发，进行重新排列、组合或构造，从而设计出一些非常具体的、创新商业模式的备选方案以及“模式落地的执行路径”。

4. 评估决策

当有了很多新的备选方案之后，就可以进入评估决策的环节。通过这样一些评价，我们可以从诸多备选方案当中选择一种相对较好的商业模式。

评估决策主要可以从两个维度进行：第一个是结果类的评价指标。因为商业模式涉及内部和外部两种不同的利益相关方，所以在进行商业模式设计的时候，除了要考虑传统的企业边界内的效率之外，还要考虑和外部利益相关方所构建的生态系统的效率。第二个是过程类的评价指标。它包括在这个交易结构当中，其利益相关方参与的动力、投入度、它的资源 / 能力以及其资源的利用效率等。

5. 实施反馈

一般来说，在构建一个全新的商业模式时，我们主张先进行小规模的实验，并将实验验证成功的模式进行放大，再进行大规模的复制。设计一个商业模式就如同设计一个建筑群，有两个非常重要的环节：设计和建造。因为新的商业模式是一个复杂的事物，它能否与环境相适应，是设计过程中所不能百分之百预测的。在设计和建造之间，还需要有一些试验的过程。企业一定要在实验当中去试错，然后才有可能以最快的速度找到那个最好的，之后再大规模复制的商业模式。

—— 知识点 3 商业模式的常见类型 ——

创新是推动经济增长和提高竞争力的关键因素。商业模式创新是改变企业价值创造的基本逻辑，是提升消费者价值和企业竞争力的活动，最终目标是让企业以新的方式来盈利。商业模式创新有两种形式：一种是原始创新，即从运营管理经验或阅历中独创出前所未见的商业模式；另一种是模仿创新，即针对已经出现的商业模式进行复制，并针对特定企业特定环境进行调整与稍稍改变，使商业模式更适宜指定企业。前者需要长期的经验、阅历积累，而后者需要不断的学习现有的商业模式，然后通过不断的思考把它变得更好或更适合某特定企业或产品使用。

以下 4 种是较为创新的商业模式。

1. 平台模式

（1）单边平台：企业平台化

什么是单边平台？在一家企业内，业务活动由两类利益相关者从事：一类由公司来做，叫作平台；一类由一个一个小的细胞组织来做，我们将组织称为业务自主体。单边平台把每个具备单独要素能力的价值环节或其组合转换成业务单元，并为其搭配具有一定资源/能力的基础设施平台。

单边平台能同时实现平台的规模化收益和业务单元的灵活性效益。如果采取“单边平台”模式，很多知识密集型企业以及农业种植、养殖等存在规模天花板的小专业化组织都能实现高出几个数量级的规模经济。

事实上，单边平台模式可以应用于各行各业的任何价值环节，不管是采购、财务、制造还是资金、管理标准等的其中一个还是组合，都能以其为中心业务单元构建单边平台，实现更高层次和数量级的规模经济。而且，业务单元和平台的治理关系可以是直营、合作或者加盟，完全不受限制。

案例：单边平台模式——本来生活

本来生活，作为生鲜电商领域的佼佼者，以“B2C（企业对消费者）+DTC（以消费者为中心)”模式，直采全球特色食品，深度定制供应链，为消费者提供新鲜、高品质的生鲜产品。通过线上平台和线下社区店，实现全渠道覆盖，满足用户多元化需求。

该平台主要服务于消费者，提供全球买手直采的特色食品，形成了产地直采、深度定制的供应链模式。同时，它拥有自有电商平台渠道和其他多种渠道，实现全渠道覆盖，为消费者提供丰富的商品选择。

该平台的优势在于：

(1)降低成本。通过减少中间环节，降低农产品的流通成本，使得消费者可以以更实惠的价格购买到高品质的农产品。(2)保证品质。平台直接与农户合作，可以严格把控农产品的品质，确保消费者购买到的都是新鲜、安全的农产品。(3)增加透明度。通过平台，消费者可以了解到农产品的来源、生产过程等信息，增加了购买的透明度。

此外，本来生活不仅在线上提供平台服务，还在线下拥有社区生鲜连锁 O2O(线上到线下)平台本来鲜，通过线上线下的配合，更好地适应用户多元化场景的需求。这种社区店与 B2C 相结合的模式也体现了单边平台的特点，即专注于某一环节或价值链的某一部分，并为其配备相应的资源和能力。增强与消费者的互动和黏性，进一步提升了用户体验和忠诚度。

(2)双边 / 多边平台：创造生态系统

双边 / 多边平台，是指由两个或以上互相提供网络收益的独立用户群体构成的经济网络。学者罗切特和梯若尔首先给出了粗略的定义：双边(更一般地说是多边)市场是一个或几个允许最终用户交易的平台，通过适当地从各方收取费用使双边(或多边)保留在平台上。也就是说，平台吸引各方在平台上交易获利(不一定是钱)。简单地说就是，有一个中心企业，左边是一堆卖方，右边是一堆买方。大家通过这个平台提供的基础设施进行交易，其盈利模式是非价差的，可以是租金收入、广告费收入、分成，等等。

案例：多边平台——房多多

房多多，作为房地产领域的创新者，以供应链平台为核心，通过软件运营服务(Software as Service，SaaS)产品及服务对经纪商户进行赋能，共同服务于客户，形成了一种高效的在线房地产交易商业模式。

(1)房多多的商业模式创新体现在平台化运营上。作为供应链平台，房多多并不直接参与房地产交易，而是专注于为经纪商户提供强大的支持和服务。通过 SaaS 产品，房多多帮助经纪商户实现业务流程的数字化和智能化，提升了交易效率。同时，房多多还为经纪商户提供房源赋能，使其能够更精准地匹配客户需求，提高交易成功率。

(2)房多多还深度参与房地产交易的各个环节。房多多不仅提供线上平台，还通过线下服务团队，与开发商、代理公司、经纪人和购房者建立紧密联系。通过整合各方资源，房多多为经纪商户提供了更丰富的房源和更广泛的客户基础，从而实现了多方共赢。

(3)房多多强调与经纪商户的紧密合作。通过 SaaS 产品的赋能，房多多帮助经纪商户提升了业务能力和服务水平，使其能够更好地满足客户需求。同时，房多多还为经纪商户提供了一系列营销和运营支持，助力其拓展市场份额，提升品牌影响力。

房多多十分注重与优质资源的获取和合作。通过与开发商、代理公司等合作伙伴建立深度合作关系，房多多获取了丰富的房源资源，为经纪商户提供了更多优质的交易机会。同时，房多多还积极参与行业交流和合作，不断提升自身的专业能力和服务水平。

房多多通过平台化运营、深度参与房地产交易环节、与经纪商户的紧密合作以及优质资源的获取和合作，打造了一个高效、便捷、共赢的房地产交易新生态。这种模式不仅提升了经纪商户的业务能力和服务水平，也为客户提供了更优质的购房体验。

2. 免费模式

什么是免费模式？在《免费：商业的未来》一书中，作者克里斯·安德森阐述了具有力量的“免费”，其基础不仅仅只是把免费商品的成本进行了转移（转移到另一个商品，或者后续服务上），而是一种把货物和服务的成本压低到趋近于零的新型卓越能力。

准确地说，是提供免费商品的边际成本趋近于零。由于技术的发展，服务 / 商品的提供商可以触及大量甚至是海量的用户，其成本可以因此摊得很薄，而每新增一个用户或者给每个用户新增一项服务的边际成本则朝零靠拢。例如，许多大型互联网企业的服务器全部是自己的，通过宽带互联网为用户提供搜索、邮件、地图等服务。对于这些企业来说，每新增一个用户，或者提供新的储存空间与服务，所需额外增加的成本几乎为零，可以忽略不计。

免费模式是互联网上最常见的模式，在竞争激烈的市场中，免费模式经常是一种有效突破竞争的方式，但没有相应的配套与盈利方式，免费反而将行业拖入更残酷的低价竞争里。

案例：免费模式——奇虎 360

作为一家在中国互联网安全领域举足轻重的公司，奇虎 360 独特的免费模式不仅彻底颠覆了传统的商业模式，更引领了一场安全软件行业的变革。

奇虎 360 的免费模式源于其对用户需求的深刻洞察。在网络安全问题日益凸显的时代，用户对于安全软件的需求不断增长，但高昂的价格却使许多用户望而却步。奇虎 360 敏锐地抓住了这一市场痛点，推出了免费的杀毒软件、安全软件服务，迅速吸引了大量用户。

这一免费模式的推出，不仅让奇虎 360 在短时间内积累了庞大的用户基础，更为其后续的商业变现奠定了坚实基础。通过提供免费的基础服务，奇虎 360 成功地将用户导入其两大核心平台——浏览器平台与应用开放平台。在这两大平台上，奇虎 360 为用户提供了丰富的增值服务，如网址导航、团购导航、游戏导航、应用商店等，进一步满足了用户的多元化需求。

同时，奇虎 360 还通过与其他软件厂商的合作，实现了从免费到收费的华丽转身。例如，通过与安全软件厂商合作，奇虎 360 成功地将免费用户转化为付费用户，实现了收入的稳步增长。此外，奇虎 360 还通过内嵌广告等方式，实现了对免费用户的价值挖掘，进一步提升了其盈利能力。

3. 分享经济模式

个人或者企业将其拥有的闲置资源拿出来，通过有偿使用的方式提供给需要的消费者，就叫作分享经济。传统的经济模式一般是把产品和服务的所有权都转让给消费者，通过消费者使用去满足自己的需求。所谓所有权一般指三个内容：使用权、收益权和转让权。分享经济就是仅仅把使用权拿出来分享，而收益权和转让权仍然属于资源或能力的所有方。另外，分享经济还特别强调，拿出来的资源或者能力是闲置的，或者是没有进入生产的，这是分享经济的一个特点。滴滴出行、共享单车等都是分享经济模式的成功案例。

案例：分享经济模式——哈啰单车

随着城市化进程的加速，短途出行需求日益增长，而传统交通工具往往无法满足这一需求。洞察到城市出行的痛点，哈啰单车应运而生，以其便捷、环保的特点，迅速赢得了用户的青睐。作为共享经济浪潮中的佼佼者，哈啰单车以其独特的商业模式和创新理念，在共享单车行业中崭露头角。它不仅是绿色出行的典范，更是共享经济成功应用的生动案例。

哈啰单车采用无桩借还的模式，用户只需通过手机App即可轻松扫码解锁，随时随地享受骑行乐趣。这种灵活的运营方式，不仅降低了运营成本，也提高了车辆的使用效率。同时，哈啰单车还通过大数据分析，优化车辆投放和调度，确保用户能够随时找到可用的车辆。

哈啰单车注重用户体验和服务质量。它不断优化App界面和功能，提升用户使用的便捷性和舒适度。同时，哈啰单车还加强车辆的维护和保养，确保用户能够享受到安全、舒适的骑行体验。此外，哈啰单车还积极与政府部门、商业合作伙伴等建立合作关系，共同推动共享单车行业的发展。

实例分析 5-2

均豪集团：打造共享文化社区的引领者

均豪集团是一家在不动产管理领域深耕多年的领军企业，自1995年成立以来，始终致力于提供高品质、专业化的服务。凭借丰富的行业经验和前瞻性的战略眼光，均豪集团在不动产管理、物业服务等方面取得了显著成就。同时，集团不断创新管理模式，推动行业进步，赢得了广大客户的信赖和好评。

共享文化社区是均豪集团提出的一个全新概念，旨在打破传统社区的地缘限制，通过线上线下的结合，为社区居民提供一个文化交流与共享的平台。这一模式的推出，不仅是对传统社区管理模式的创新，更是对社区居民生活品质的一次提升。

均豪集团与阅读空间品牌春风书院联手，共同策划并组织了多种形式新颖、主题丰富的特色文化活动。这些活动包括诗词共赏会、音乐诗会等，不仅丰富了社区居民的文化生活，也提升了社区的文化氛围。通过这些活动，社区居民有机会与志同道合的朋友相聚，分享彼此的故事和见解，进一步加深了邻里之间的情感联系。

除了文化活动的组织，均豪集团还通过其旗下的公益基金会——北京灯火公益基金会，与春风书院合作共建了“城市阅读圈”。这一项目以春风书院作为线下交流平台，为社区居民提供了一个阅读和学习的空间。通过这一平台，社区居民可以更加便捷地获取阅读资源，提升自我修养和知识水平。

共享文化社区的成功打造，不仅为均豪集团赢得了业界的赞誉，更得到了社区居民的广泛认可。它不仅提升了社区的文化氛围，也促进了社区居民之间的交流与互动，为社区的和谐发展做出了积极的贡献。

（资料来源：2022 CCPA 生活服务业优秀实践案例集 . 引用时有删改）

思考：根据上述案例，结合你的思考，谈谈未来共享经济模式可以运用在哪些新的领域。

技能训练

【训练说明】

不同商业模式企业的对比分析。以小组为单位，根据自己的日常经验，列举几个不同商业模式的企业，了解其商业模式并分析它们的特点。

【训练实施】

根据分析结果，填写表 5-2。

表 5-2 不同商业模式企业的对比分析

行业	企业名称	商业模式	特点
网络购物			
快递			

任务小结

① 在商业模式上，没有最好，只有最合适。实践经验表明，成功的商业模式通常符合定位精准、扩展快、壁垒高、风险低这 4 项标准。

② 商业模式的创新包括五个步骤：梳理描述—创新洞见—设计模式—评估决策—实施反馈。

③ 商业模式创新是改变企业价值创造的基本逻辑，是提升消费者价值和企业竞争力的活动，最终目标是让企业以新的方式来盈利。创新一直是推动经济增长和提高竞争力的关键因素。商业模式创新有两种形式，即原始创新与模仿创新。

任务 3 创新商业模式

任务目的

① 了解商业计划书的概念和作用。

② 能够掌握商业计划书的结构和编写流程。

任务情境

刘大洋是一名商学院的大三学生，对创业充满热情，对新技术和市场趋势有敏锐的洞察力。他和他的团队目前正在积极准备他们的创业项目。为了将他们的想法转化为实际的商业计划，他们需要撰写一份全面的商业计划书。这不仅是一次锻炼他们商业思维的机会，更是将他们梦想变为现实的关键步骤。

知识储备

市场环境千变万化，任何一个创业团队在创业之前，都应该对创业的目标有一个科学的规划和设计，制订一份切实可行的商业计划。商业计划书就是落在纸面上的创业规划，编写商业计划书是创业者表达自己创业规划的重要手段。商业计划书是一份全面的商业计划，通过了解商业计划书的结构和编写流程，可以更好地理解项目的整体情况，把握项目的核心要点，避免遗漏重要信息，从而提高项目的成功率。

—— 知识点 1 商业计划书概述 ——

1. 商业计划书的概念

商业计划书（business plan，BP）是公司、团队或个人为了达到招商融资和其他发展目标，将自身的项目、产品或服务介绍给投资人，并经过对市场、行业、团队、营销、财务、风险等各方面的分析后，最终希望实现融资、寻求合作伙伴、业务并购等目的的一种书面文件。

2. 商业计划书的作用

商业计划书是商业模式的书面体现，是呈现创业构想的载体，也是展现创业者如何实现创业过程的一份资料。在中国国际大学生创新大赛中，商业计划书是评委评估项目可行性和潜力的重要依据。商业计划书的作用主要包括以下三个方面。

（1）获得投资。好的商业计划书是获得投资的关键。好的商业计划书能够把公司和项目的优势、潜力、运营思路、商业模式等完美地展现给投资人，使投资人可以更快、更好地了解投资项目，提升投资人对项目的信心，最终达到为项目筹集资金的作用。

（2）寻求合作。商业计划书中展现的相关内容，可以向业务合作伙伴和其他相关机构提供必要的合作信息，最终促成双方或多方合作。比如，当公司需要向其他某个陌生领域发展时，就可以撰写商业计划书，向该领域的某个公司、团队或个人表达自己寻求合作的愿望，如果对方也能在合作中得到相应发展，最终双方就可能结成战略合作伙伴关系，实现共赢。

（3）业务并购。如果需要将公司或公司的某个业务出售，可以通过商业计划书向对方说明项目的价值，以期获得被并购的机会。在这种情况下，为了在并购过程中获得主动权和优势，最终获得收益，被收购的公司就更需要通过商业计划书体现项目在市场前景、竞争环境、管理团队、风险控制和财务预测等方面的优势。

—— 知识点 2 商业计划书的结构和编写流程 ——

中国国际大学生创新大赛对商业计划书的撰写提出三大要求：结构完整性、内容翔实性、逻辑清晰性。因此，了解商业计划书的结构和编写流程十分必要。

1. 商业计划书的结构

不同产业的商业计划书形式有所不同。但是，从总的结构方面，所有的商业计划书都应该包括摘要、主题、附录三个部分。

（1）摘要。摘要是对整个计划书的最高度的概括。摘要部分的作用是以最精练的语言、最有吸引力和冲击力的方式突出重点，一下子抓住投资者的心。摘要部分是引路人，把投资者引入文章的主题。从某种程度上说，投资者是否中意你的项目，主要取决于摘要部分。

（2）主体。主体部分是整个商业计划书的核心。在主体部分，作者向投资者一一展示他们所要知道的所有内容。主体的功能是最终说服投资者，使他们充分相信你的项目是一个值得投资的好项目，以及你和你的领导班子有能力让他们的投资产生最佳的投资回报。主体部分要内容翔实，在有限的篇幅之内充分展示你要说的全部内容，让投资者知道他想知道的全部东西。主体部分按照顺序一般包括以下几个方面。

① 公司介绍：主要介绍企业的一些基本情况，以及发展策略、财务情况、产品或服务的基本情况等。

② 产业分析：主要介绍你的企业所归属的产业领域的基本情况，以及你的企业在整个产业或行业中的地位。

③ 市场分析：主要介绍你的产品或服务的市场情况。包括你的目标市场、你在市场竞争中的位置、你的竞争对手的情况、未来市场的发展趋势。

④ 营销策划：主要介绍你的市场营销策略、企业的销售队伍的基本情况、销售结构等内容。

⑤ 经营状况：主要介绍经营场所的基本情况、企业主要设施和设备、生产工艺基本情况、生产力和生产率的基本情况，以及质量控制、库存管理、售后服务、研究和发展等内容。

⑥ 管理情况：主要介绍管理理念、管理结构、管理方式、主要管理人员的基本情况、顾问队伍等基本情况。

⑦ 财务管理：主要介绍企业财务管理的基本情况。对现在正在运行的企业需要过去三年的财务报表、现金流量表、损益平衡表等。还要介绍申请资金的用途。

⑧ 发展计划：主要介绍企业的发展目标、发展策略、发展计划、实施步骤，以及风险因素的分析等。

⑨ 撤出计划：主要告诉投资者如何收回投资，什么时间收回投资，大约有多少回报率等情况。

（3）附录。附录部分是对主体的补充。它的功能是提供更多、更详细的补充信息。由于篇幅的限制，有些内容不宜于在主体部分过多描述。将主体部分中言犹未尽的内容，或需要提供参考资料的内容，放在附录部分，供投资者阅读时参考。

2. 商业计划书的撰写流程

从商业计划书具有的重要作用可知，其撰写流程必然是一个复杂而严谨的过程。

商业计划书是一份规范的文件，要写出一份内容翔实、条理清晰、令人可信的商业计划书，就需要按照一定的步骤来进行。总体来看，商业计划书的撰写流程有四大环节，如图 5-9 所示。

（1）构思框架

着手撰写商业计划书之前，需要先确定需求，即确定撰写商业计划书的目的是获得投资还是寻求合作，是项目需要融资还是公司需要合作或并购等，这样才能找准战略方向。接着就需要确定商业计划书中应当包含的主要内容，比如涉及生产的项目或产品，是否考虑在商业计划书中着重体现生产优势，高精尖项目是否体现技术壁垒内容等。从整体出发，将整个商业计划书的架构和内容确定下来，方便后面更有目的地对需要的资料进行收集、整理和分析。

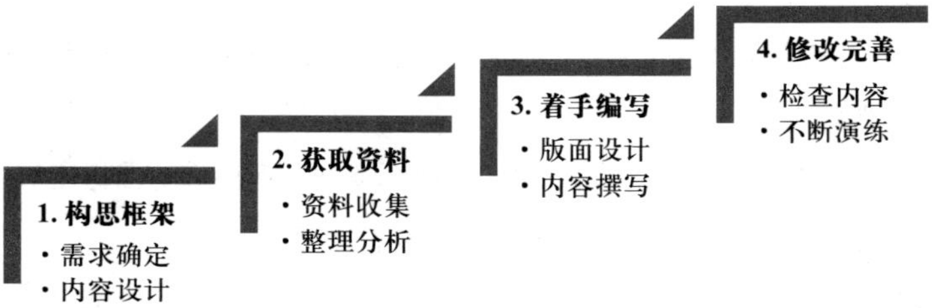

图 5-9 商业计划书的撰写流程

（2）获取资料

商业计划书中一般都会涉及大量的数据和其他各种资料，如市场情况、竞争对手情况等，这些资料都需要通过收集来获取。对于外部资料而言，收集的方法主要有问卷调查，整理各种报纸、刊物等提到的数据，购买数据统计机构统计并分析好的数据等。无论采取哪种或哪些方式，都一定要保证所收集的资料的正确性，切忌胡编乱造。

收集好资料后，可以进一步对资料进行汇总、整理和分析，提炼出最有价值的数据供撰写商业计划书使用。无须将大量枯燥无用的数据都放到商业计划书中，这些数据不仅毫无作用，还会增加商业计划书的篇幅。在提炼数据资料时，可以充分借助表格、图片等工具，以便更直观生动地将数据展示出来。

（3）着手编写

确立了框架并整理好数据后，就可以开始为商业计划书设计版面效果了。比如，对于科技类公司或产品，可以将整个商业计划书设计得充满科技感，少儿培训类项目则可以让商业计划书显得活泼生动等。

完成版面设计后，就可以着手编写商业计划书了，整个编写工作应由项目负责人或公司负责人来完成，原因是通过编写，负责人可以进一步熟悉项目或产品的情况，提前发现缺陷或不足，也可以找到更多的优势和特色，为最终向投资人展示做好更加充分的准备。

（4）修改完善

商业计划书并不是一步到位的，它需要反复修改和完善，才能得到最终的版本。特别是一些涉及政策性内容和市场变化较快的项目，更需要及时修正内容，确保信息和数据的正确性和时效性。

另外，商业计划书还需要负责人不断地进行演练，这样可以更充分地做好准备工作，在投资人面前更加自信，做到对答如流、游刃有余。

技能训练

【训练说明】

编写商业计划书。以小组为单位，各小组自行选择一个创业项目，并根据该创业型项目编写一份商业计划书。

【训练实施】

① 以小组为单位，自行讨论出一个创业项目，并根据六要素商业模式画布完善项目的整体商业模式。

② 团队分工，分配各自在该创业项目中担任的角色，各自编写自己角色相关的内容（如担任财务主管的同学编写财务规划部分的内容）。

③ 市场调研环节可以通过互联网等手段来收集二手资料完成。

④ 可参照范文进行撰写。

任务小结

① 商业计划书：是公司、团队或个人为了达到招商融资和其他发展目标，将自身的项目、产品或服务介绍给投资人，并经过对市场、行业、团队、营销、财务、风险等各方面的分析后，最终希望实现融资、寻求合作伙伴、业务并购等目的的一种书面文件。

② 商业计划书的形式：不同产业的商业计划书形式有所不同，从总的结构方面，所有的商业计划书都应该包括摘要、主题、附录三个部分。

③ 商业计划书是一份规范的文件：创业者要写出一份内容翔实、条理清晰、令人可信的商业计划书，就需要按照一定的步骤来进行编写。通常可以分为四步，即构思框架、获取资料、着手编写、修改完善。

项目六

筑牢创新成果防线

学习目标

知识目标

① 掌握创新成果内涵。

② 理解创新成果保护。

③ 理解创新风险及防范。

能力目标

① 能够运用法律武器保障创新成果。

② 能够规避创新风险。

素质目标

① 具有法律意识，懂得使用法律维护自己及他人的权益。

② 具有勇于开拓的革命精神。

导师寄语

了解创新成果的内涵，认识到创新过程中存在的风险，并懂得制订相应的风险防范措施，是同学们在拥有自己创新成果后必须掌握的技能，同学们需要通过对创新成果内涵的认识，提升对创新成果的保护能力。

学习地图

- **项目六　筑牢创新成果防线**
  - 任务1　认识创新成果
    - 知识点1　创新成果概述
    - 知识点2　大学生创新成果
  - 任务2　保护知识产权
    - 知识点1　著作权法
    - 知识点2　专利法
    - 知识点3　商标法
  - 任务3　防范创新风险
    - 知识点1　创新风险的特点
    - 知识点2　创新风险的分类
    - 知识点3　创新风险的防范策略

任务 1 认识创新成果

任务目的

① 能够清楚创新成果的概念。

② 能够运用专业知识，实现商业模式创新。

【新知预览】创新成果内涵

任务情境

李华是一名大三的计算机科学专业学生。通过学习，他开发了一款应用，解决了社区垃圾分类的难题。他的创新成果得到了学校的认可，并在创新创业大赛中脱颖而出，李华深知，这只是他的创新之路的起点。未来他将探索用更多创新成果，为社会带来便利和价值。

知识储备

中共中央政治局常委、国务院总理李强强调，要深入学习贯彻习近平总书记在全国两会期间的重要讲话精神，认真落实两会明确的各项任务，牢牢把握新一轮科技革命和产业变革趋势，在推进科技创新和产业创新深度融合中培育和壮大新质生产力，加快塑造高质量发展新动能新优势。

—— 知识点 1 创新成果概述 ——

1. 创新成果的内涵

创新成果是指为了达到一定的目的，在遵循事物发展规律的基础上，对事物整体或其中的某些部分进行变革或更新而得到的活动成果。简单地说，创新成果就是创新活动的结果。

创新的内涵指在世界上首次引入新东西、引入新概念、制造新变化，其中，“新”指在结构、功能、原理、性质、方法、过程等方面的、首次的、显著性的变化。创新的外延包括知识创新、技术创新、制度创新等。

1912 年，美籍奥地利经济学家熊彼特在《经济发展理论》中首先提出“创新理论”，第一次将创新视为现代经济增长的核心。他认为创新就是建立一种新的生产函数，把生产要素和生产条件引入到生产体系中。具体来说，“创新”或者“新组合”，主要是产品创新、工艺创新或生产技术创新、市场创新、开发新的资源和组织管理创新这五种情况。熊彼特的创新理论是技术与经济相结合的理论，包含科学技术是经济发展的主要动力思想。

熊彼特提出“创新是指以新的方式展开的生产，如对于某一给定的生产线，以新的方式组合各种原料及生产活动，以获取更好的经济产出”，包括引入新的产品，引入新的生产方法，打开新的市场，开发新的原材料或新来源，创造新的市场组织结构。他认为，创新不是简单的等于技术发明创造，创新是发明创造的商业应用。商业类的创新成果主要是指推入市场取得商业成效的创新成果。

实例分析 6-1

创新不重要，有用的创新才重要

老年人口比例逐渐增加，因此药物管理成为一个重要的问题。许多老年人需要同时服用多种药物，而且容易忘记服药或者混淆不同药物的服用时间和剂量，这可能会导致健康问题。因此，一种智能药盒应运而生，以解决长期药物管理的问题。

该智能药盒具有以下创新特点。

（1）定时提醒。智能药盒内置定时器和提醒系统，可以根据用户设定的时间提醒服药，确保按时服药。

（2）智能识别。药盒内部配备摄像头和图像识别技术，可以识别每种药物，并根据医嘱显示正确的服用方式和剂量。

（3）远程监测。连接手机 App，家人或医护人员可以远程监测药盒的使用情况，及时发现问题并进行干预。

老年患者李先生使用了智能药盒后，他的药物管理问题得到了极大的改善。在过去，他因为经常忘记服药而出现健康问题，但自从开始使用智能药盒后，智能药盒不仅能够提醒李先生准时服药，还能通过手机 App 将服药情况实时发送给他的子女。一次，他因为感觉不适，服药时间前的检测显示他漏掉了一次服药，他的女儿收到通知后及时联系了医生，避免了进一步的健康问题。

智能药盒并没有采用尖端的科技，而是将已有的技术应用到了解决实际问题上。通过提供定时提醒、智能识别和远程监测等功能，智能药盒成功地解决了长期药物管理中的实际问题，提高了患者的用药便利性和安全性，为他们的家人带来了更多的安心。这充分说明了在医疗领域，创新的核心在于解决实际问题，提供有用的解决方案，而不仅仅是追求技术上的创新。

思考：创新成果的成功转化有多重要？

---

2. 创新成果的分类

对于创新成果的分类方式有很多，从创新涵盖的领域来分，创新成果可以分为科技创新成果、文化创新成果、艺术创新成果、商业创新成果等等。目前主要依据创新活动中创新对象的不同，把创新成果分为知识创新成果、技术创新成果、制度创新成果。

（1）知识创新成果

知识创新成果是指通过各种研究获得新的技术科学和基础科学知识，这种研究包括应用研究和基础研究。知识创新为人类进步和社会发展提供源源不断的动力，为人类认识世界，继而为改造世界提供新理论和新方法。

（2）技术创新成果

技术创新成果是指企业为占据市场并实现市场价值，将创新的知识、新技术、新工艺加以应用，在经营管理模式和生产方式上革新，从而提高产品质量，开发生产新的产品，提供新的服务。

（3）制度创新成果

制度创新成果是指在人们现有的生产和生活环境条件下，为实现社会的持续发展和变革，创设新的、更能激励人们行为的制度。所有创新活动都源于制度创新，通过制度将创新成果固定下来，并以制度化的方式持续发挥着自己的作用，这是制度创新的积极意义所在。

3. 创新成果的特点

（1）目的性

创新是一种有目的的实践活动。创新的目的性使创新活动必然有自己的价值取向。例如，发明手机的目的是使人们联络更加方便，发明电脑的目的是提高人们工作的效率，发明电灯泡的目的是在夜晚照亮暗处，发明笔和纸的目的是记录和保存信息。从更宏观的方面来讲，科学家的创新，目的在于发现自然界的奥秘，提高人类认识自然的能力；发明家的创新，目的在于首创前所未有的人工事物，用新的技术方法、新的产品来提高人类改造自然的能力；艺术家的创新，是为了生产新的人文产品，满足社会对精神生活的需要。

任何创新活动都有着特定的目的，并需要经过实践活动才能完成。从实质上讲，创新是人类提供物质文明与精神文明的一种新的生产实践活动。

（2）新颖性

创新必须提供富有新颖性的成果，是解决前人没有解决的问题。人们在判断什么是创新成果时，首先是用新颖性来衡量的。

所谓新颖性，简单的理解就是“前所未有”。用新颖性来判断劳动成果是否是创新成果时，要注意它的绝对新颖性和相对新颖性。创新要求人们要敢于积极进取，标新立异，一件创新产品应该具有时代感和新颖感。创新不一定是全新的东西，旧的作品结合新的形式也是创新。某些模仿也是创新。用新颖性来判断劳动成果是否是创新成果时有两种情况：一是主体能产生出前所未有成果的特点。科学史上的原创性成果，大多属于这一类。这是真正高水平的创新；二是指创新主体能产生出相对于另外的创新主体来说具有新思想的特点。例如，相对于现实的个人来说，只要他产生的设想和成果是自身历史上前所未有的，同时又不是按照书本或别人教的方法产生的，而是自己独立思考或研究成功的成果，就算是相对新颖的创新。

当电灯、电话被首次发明出来时，它们都是前所未有的，是绝对新颖的。而电话经过一次次的改进，在上一次的基础上进一步的创新，则体现了相对新颖性。大学生所做的发明、创新，绝大部分是相对新颖性的作品。

（3）才智性

人每天会产生很多创意和灵感，但如果这些创意和灵感没有变成具体的作品，没有具体的产品和事物作为平台体现出来，那么就不能称作创新。人人都有创新性的才能与智慧，都有产生创新的机会，但并非人人都能做出创新成果。一个完整的产品创新，除了需要科技知识，还需要有关方面具体创新者的配合，需要把各相关学科的知识加以综合利用才能产生，而这些就是创新的才智性特征。

— 知识点 2　大学生创新成果 —

当前我国大学生的创新成果主要体现在小范围内、小弧度上，改进产品、应用信息化手段优化工艺、变化产品包装形式等技术难度不大、研究不需要太深入的创新，也就是人们常说的“微创新”。

由于大学生的专业面向范围不同，创新的方向也有所区别。

1. 文科专业创新方向

一般来说文科专业的创新方向是围绕着营销创新、组织创新进行，主要是在外观或包装设计的改进、促销方式的改良、新兴市场的发现等范围。

（1）外观或包装设计的改进。包装起初只是一种正常保护商品的行为，随着社会的不断发展，不同的商品出现在了同一个竞争的平台，给商品包装行业提出了新的要求，为拓宽思路，调整增长方式和产业结构，必须转变观念，有所创新。包装设计的创新能促进市场营销的更大成功。商品包装设计创新应该是清晰传达信息、表现品质、独特出众，也适当地表现市场定位和刺激感官，并蕴涵丰富的设计文化。

（2）促销方式的改良。促销就是营销者向消费者传递有关本企业及产品的各种信息，说服或吸引消费者购买其产品，以达到扩大销售量的目的。促销实质上是一种沟通活动，即营销者（信息提供者或发送者）发出作为刺激消费的各种信息，把信息传递到一个或更多的目标对象（即信息接收者，如听众、观众、读者、消费者或用户等），以影响其态度和行为。通过多种促销手段的组合，形成新的促销方式，有利于在当前社会经济发展形势下精准营销，提升企业的效益。

（3）新兴市场的发现。发现新市场、做到人无我有，是企业经营战略的一个重要组成部分，也是企业在竞争中制胜的要诀之一。在成熟的市场中，往往出现同质化、资本门槛高、竞争激烈等现象，而发现新市场能帮助陷入成长困境的企业寻找新的价值增长点，发现充满商机的蓝海，使企业重新焕发成长活力。

2. 理科专业创新方向

理科专业创新主要是在工艺创新、产品创新等方面进行，包括了应用新技术、采用信息化手段、运用新进设备、产品改良等。

技能训练

【训练说明】

通过掌握创新成果内涵，去了解学习。

在懂得创新成果保护前，首先需要知道什么是创新成果。设计一份创新思维培养计划书，培养创新意识和创新能力，掌握创新成果的评估和商业化转化方法，培养团队合作和项目管理能力。

【训练实施】

请按以下创新思维的方法，结合自身兴趣点，分别设计创新思维培养计划，填入表 6-1。

表 6-1　创新思维培养计划

训练内容	计划描述
(1) 创新成果内涵的讲解 ① 介绍创新成果的定义、特点和分类 ② 讲解创新成果的价值和意义	
(2) 创新思维和方法的培养 ① 理解创新思维的基本原理和重要性 ② 学习创新方法的案例和实践 ③ 开展创新活动和思维训练，培养自己的创新能力	

续表

训练内容	计划描述
(3)创新成果评估方法的学习 ①了解创新成果评估的原则和方法 ②进行创新成果评估的实践 ③尝试分析评估结果,提供反馈和改进建议	
(4)商业化转化方法的学习 ①了解创新成果商业化转化的基本过程和方法 ②寻找商业化转化的案例和实践 ③培养创业和项目管理能力	
(5)团队合作和项目管理能力的培养 ①组建团队进行创新项目实践 ②学习项目管理的基本原理和方法 ③了解团队协作和沟通的重要性	

步骤一：创新成果内涵的讲解。

计划执行情况：

自我评价：

步骤二：创新思维和方法的培养。

计划执行情况：

自我评价：

步骤三：创新成果评估方法的学习。

计划执行情况：

自我评价：

步骤四：商业化转化方法的学习。

计划执行情况：

自我评价：

步骤五：团队合作和项目管理能力的培养。

计划执行情况：

自我评价：

任务小结

① 创新成果，简而言之，是借助新颖的理念、方法、产品、服务或流程，对现有状况进行深度革新与优化的产物。它代表着对传统模式或既有产品的颠覆性变革，往往能够带来显著且深远的商业效益与社会价值。

② 按照创新对象的不同，创新成果可分为知识创新成果、技术创新成果、制度创新成果三个类别。

③ 当前，我国大学生的创新成果主要以“微创新”为主，由于专业面向范围的不同，创新的方向也有所区别。

任务 2　保护知识产权

【新知预览】
创新成果
保护

任务目的

① 能够运用法律有效保持创新成果，防止侵权行为。
② 掌握专利的申报流程。

任务情境

小明作为软件技术专业的一名大三学生，最近参与了一个由学校组织的“智能科技创新大赛”。他的团队开发了一款基于机器学习的智能推荐系统，该系统在市场上具有潜在的巨大价值。然而，随着项目的推进，他们开始意识到自己的创新成果需要得到保护，以防止被他人抄袭或侵权。

知识储备

2020 年 12 月，习近平总书记在主持中央政治局第二十五次集体学习时指出：“创新是引领发展的第一动力，保护知识产权就是保护创新”。创新成果是一种无形资产，具有获得知识产权保护的价值。当前，多数学生认为创新成果需要保护，但大部分学生并没有相应的知识储备，反映了大部分学生的创新成果保护意识不强。对于创新成果的保护，主要体现在知识产权的法律保护上。

—— 知识点 1　著 作 权 法 ——

著作权即为版权，是指作者对其创作的文学、艺术和科学作品依法享有的专有权利。它对保护作者的作品独创性，作者合法权益不受侵犯，都有极大的作用。是国家通过法律保护作者作品独有的权利的实施准则。

1. 我国著作权法概述

我国制定并颁布的与著作权有关的法律法规有：《中华人民共和国著作权法》《中华人民共和国著作权法实施条例》《实施国际著作权条约的规定》《著作权集体管理条例》《计

算机软件保护条例》《计算机软件著作权登记办法》《信息网络传播权保护条例》等。

根据著作权相关法律法规的规定，著作权享有的特征主要有：

① 权利自动产生。著作权基于作品的创作完成而自动取得，一般不必履行任何形式的登记和注册手续。

② 权利主体多样。著作权的权利主体可以是自然人、法人、其他组织、国家，同时，也不受国籍和行为能力限制，外国人和未成年人均可成为著作权主体。

③ 权利客体多样。著作权保护的作品包括：文字作品、口述作品、戏剧作品、音乐作品、舞蹈作品、曲艺作品、美术作品、建筑作品、摄影作品、杂技艺术作品、图形和模型作品、计算机软件等。

④ 权利内容复杂。我国《著作权法》列举了 4 项著作人身权和 12 项著作财产权，分别为：发表权、修改权、署名权、保护作品完整权和复制权、发行权、出租权、放映权、展览权、表演权、广播权、摄制权、信息网络传播权、改编权、翻译权、汇编权。

2. 著作权的侵权行为

指未经著作权人同意，又无法律上的依据，使用他人作品或行使著作权人专有权的行为。著作权侵权有直接侵权、第三人责任、违约侵权和仅侵犯作者的精神权利等等。

著作权侵权行为呈现极为复杂的形态。从侵权行为是否借助第三者而发生的情况可分为直接侵权和间接侵权。著作权侵权责任可分为直接侵权责任和间接侵权责任。两种责任适用不同的归责原则，具有不同的责任范围。

（1）直接侵权责任。直接侵权行为，是一种直接非法使用著作权或邻接权的权利或妨碍他们行使这一权利的行为。侵权人的行为直接涉及作品，例如，在有著作权的作品上改变作者署名，对内容进行修改，未经作者允许擅自发表他人作品的都是对作者著作权精神权利的直接侵犯。就直接侵权的归责应是，未经著作权人授权行使著作权人专有权利的行为就是直接侵权，应当承担严格责任。

（2）间接侵权责任。是指侵权行为并未直接涉及到受著作权直接保护的作品，或受邻接权直接保护的表演、唱片及广播节目，而是因该行为为侵权行为提供了便利条件，行为人不自觉地参与了侵权行为，从而对著作权人和邻授权人的合法权益造成了侵害。

3. 预防侵权

在中国，版权自作品创作完成之日起产生，版权登记不是取得版权的前提条件，但版权登记证明文件是登记事项的一种初步证明，可以作为主张权利或提出权利纠纷行政处理或诉讼的证明文件。计算机软件，可由中国版权保护中心负责登记，其他具有独创性的作品，如文字、美术、摄影、电影、音乐、建筑作品及工程设计图等，可由省版权登记部门负责登记。数字作品版权登记也可以在选择行业协会等第三方平台登记备案或选择基于自主知识产权的，包括并不限于数字指纹技术、数字水印技术反盗载技术、融合可信时间戳技术、公证邮箱等，可信第三方群技术的大众版权认证中心进行存证，进行数字作品多维度智能认证，其科学性需要时司法鉴定机构，可以验证对证，提高法律证据有效性，这是在欧洲发达国家已经盛行很多年，与官方人工登记相互补充。

实例分析 6-2

短视频平台原创内容被非法搬运——抖音诉伙拍侵害著作权案

在国内短视频行业快速发展的背景下，原创内容创作者的权益保护问题日益凸显。2021 年初，北京互联网法院审理了一起涉及短视频著作权侵权的重要案件——抖音短视频起诉伙拍短视频侵犯其平台上原创用户作品著作权。此案中，抖音平台上的多位原创博主发现，他们的短视频作品未经许可就被短视频平台上的用户直接搬运并且传播。这些作品涵盖了各种类型，包括但不限于搞笑段子、生活 Vlog（视频日志）、才艺展示等，原作者投入了大量的创意和劳动，享有作品的著作权。抖音作为平台方，在得知此事后，依据《中华人民共和国著作权法》的规定，代表旗下原创博主提起诉讼。

本案的法律焦点在于确认短视频是否构成《中华人民共和国著作权法》意义上的作品，并且判断伙拍平台是否存在帮助侵权或者纵容侵权的行为。2021 年修订后的《中华人民共和国著作权法》对于视听作品给予了更加明确的保护，短视频作为新兴的视听形式，依法应当受到著作权法的保护。

经过审理，法院认为涉案短视频具备独创性，属于视听作品，其著作权应受法律保护。伙拍短视频未能有效履行平台义务，制止用户在其平台上传播未经授权的作品，构成了间接侵权。据此，法院判决伙拍短视频停止侵权行为，赔偿经济损失，并采取必要措施删除平台上侵犯抖音博主著作权的内容。此案判决有力地体现了新《中华人民共和国著作权法》对新兴媒体环境下创作成果的保护力度，鼓励了原创内容创作者的积极性，同时也对各大网络平台提出了更高的版权管理责任要求，警示它们必须加强版权审核机制，有效预防和处理侵权行为，从而维护健康的网络创作生态。

思考：如何利用著作权法保护自身合法权益？

— 知识点2 专 利 法 —

专利法是确认发明人或设计人对其发明创造享有专利权，规定专利权人的权利和义务的法律规范的总称。

1. 我国专利权法概述

我国制定并颁布的与专利权有关的法律法规有:《中华人民共和国专利法》《中华人民共和国专利法实施细则》《专利代理条例》等。

在专利权相关法律法规中，对专利权的主体、专利权的客体、专利权的取得方式、专利权的保护范围、专利权的保护时间等都作了明确规定。

（1）专利权的主体。专利权的主体，涉及发明人（指对已完成的发明创造的实质性特点做出创造性贡献的人）、专利申请人（指按照法律规定有权对发明创造或设计提出专利申请的人）和专利权人（指对国务院行政部门授予的专利享有独占使用、收益和处分权的人）。从中我们可以看出，专利权人与发明人、申请人是三个不同的概念，这三类人可以是同一人，也可以是不同的人。如，发明人自己申请专利，获批后，则专利权人与发明人、申请人为同一人；又如，某职务发明人，由单位申请专利，获批后，则专利权人和申请人为单位，职务发明人仅为发明人。

（2）专利权的客体。专利权的客体，指受专利法保护的发明创造。主要包括：发明、实用新型和外观设计。同时，法律明确规定了不授予专利的对象，具体有：

① 违反法律、社会公德或者妨害公共利益的发明。

② 违反了有关法律、行政法规规定，获取或利用遗传资源。

③ 科学发现。

④ 智力活动的规则和方法。

⑤ 疾病的诊断和治疗方法。

⑥ 动物和植物品种。

⑦ 原子核变换方法和用该方法获得的物质。

⑧ 平面印刷品的图案、色彩或者两者的结合作出的主要起标识作用的设计。

（3）专利权的取得方式。我国的专利法规定，专利权依申请并经批准后才能取得。国务院行政部门授予发明、实用新型专利权的条件均要求具有新颖性、实用性和创造性，但是这两者在创造性这一条件上程度有所区别，发明专利比实用新型专利要求更高。外观设计专利授予的条件则为：新颖性、实用性、创造性和美感。

（4）专利权的保护范围。在我国《专利法》第59条规定：发明或者实用新型专利权的保护范围以其权利要求的内容为准，说明书及附图可以用于解释权利要求的内容。外观设计专利权的保护范围以表示在图片或者照片中的该产品的外观设计为准，简要说明可以用于解释图片或者照片所表示的该产品的外观设计。

（5）专利权的保护时间。发明专利权的期限为自申请日起二十年，实用新型专利权和外观设计专利权的期限为自申请日起十年。

2. 专利法保护的对象

我国专利法第二条规定："本法所称的发明创造是指发明、实用型和外观设计。"

（1）发明。是指对产品、方法或者其改进所提出的新的技术方案。

① 发明不同于科学发现，发明主要是创造出过去没有的事物，发现主要是揭示未知事物的存在及其属性。

② 发明是新颖的技术成果，不是单纯仿制已有的器物或重复前人已提出的方案和措施。一项技术成果，如果在已有技术体系中能找到在原理、结构和功能上同一的东西，则不能叫作发明。

③ 发明不仅要提供前所未有的东西，而且要提供比以往技术更为先进的东西，即在原理、结构特别是功能效益上优于现有技术。发明总是既有继承又有创造，在一般情况下大都有先进性。

④ 发明必须是有应用价值的创新，它有明确的目的性，有新颖的和先进的实用性。发明方案既要反映外部事物的属性、结构和规律，又体现自身的需要。发明者创造出新产品、新工艺前，已在观念中按功能要求预构所设计的对象，并在发明过程中不断地按优化的功能目标来完善其方案。

⑤ 发明又区别于实际生产和工程中的现实技术或现场技术。发明要有应用前景和可能应用的技术方案和措施，一项发明能否被应用于生产过程或工程活动，还取决于它是否能纳入已有的技术系统或引起已有技术系统的革新，以及资金、设备、人力、材料、管理和市场诸方面的条件。有了发明，未必就一定有相应的产品或工艺，未必就能解决生产和工程中的实际问题。只有把发明转化为产品研制、工艺试验，转化为技术革新、试生产、批量生产和推广应用，才能成为现实技术。

（2）实用新型。是指对产品的形状、构造或者其结合所提出的适于实用的新的技术方案。

实训新型须具有应当具备新颖性、创造性和实用性。

① 新颖性：是指该发明或者实用新型不属于现有技术，也没有任何单位或者个人就同样的发明或者实用新型在申请日以前向国务院专利行政部门提出过申请，并记载在申请日以后公布的专利申请文件或者公告的专利文件中。即该发明或者实用新型既不属于现有技术，也不具有抵触申请。

新颖性的判断较为简单，只要对比文件的技术方案完全公开了该发明或者实用新型的技术方案，则该发明或者实用新型便丧失新颖性。

② 创造性：是指与现有技术相比，该发明具有突出的实质性特点和显著的进步，该实用新型具有实质性特点和进步。创造性的判断更为复杂，需要有较强的专业知识和经验，以及较强的检索技巧，这是一个长期的积累过程。不过实用新型专利在审查时不进行创造性审查。

③ 实用性：是指能够制造或者使用，是指发明创造能够在工农业及其他行业的生产中大量制造，并且应用在工农业生产上和人民生活中，同时产生积极效果。这里必须指出的是，专利法并不要求其发明或者实用新型在申请专利之前已经经过生产实践，而是分析和推断在工农业及其他行业的生产中可以实现。

（3）外观设计。是指对产品的形状、图案或者其结合以及色彩与形状、图案的结合所作出的富有美感并适于工业应用的新设计。

外观设计是对产品的外表所做的设计。构成外观设计的是产品的形状、图案或者其结合以及色彩与开关、图案的结合。外观设计适于工业应用的新设计。

3. 专利权的取得

专利权，简称“专利”，是发明创造人或其权利受让人对特定的发明创造在一定期限内依法享有的独占实施权，是知识产权的一种。

（1）专利权的法律特征。专利权是指专利权人在法律规定的范围内独占使用、收益、处分其发明创造，并排除他人干涉的权利。专利权具有时间性、地域性及排他性。此外，专利权还具有如下法律特征：

① 专利权是两权一体的权利，既有人身权，又有财产权。

② 专利权的取得须经专利局授予。

③ 专利权的发生以公开发明成果为前提。

④ 专利权具有利用性，专利权人如不实施或不许可他人实施其专利，有关部门将采取强制许可措施，使专利得到充分利用。

（2）申请专利权的程序。

专利权并不是伴随发明创造的完成而自动产生的，需要申请人按照专利法规定的程序和手续，向国家知识产权局专利局提出申请，经国家知识产权局专利局审查后，认为符合专利法规定的申请才能授予专利权。

具体程序为：

① 国务院专利行政部门收到发明专利申请后，经初步审查认为符合本法要求的，自申请日起满十八个月，即行公布。国务院专利行政部门可以根据申请人的请求早日公布其申请。

② 发明专利申请自申请日起三年内，国务院专利行政部门可以根据申请人随时提出的请求，对其申请进行实质审查；申请人无正当理由逾期不请求实质审查的，该申请即被视为撤回。国务院专利行政部门认为必要的时候，可以自行对发明专利申请进行实质审查。

③ 发明专利的申请人请求实质审查的时候，应当提交在申请日前与其发明有关的参考资料。

发明专利已经在外国提出过申请的，国务院专利行政部门可以要求申请人在指定期限内提交该国为审查其申请进行检索的资料或者审查结果的资料；无正当理由逾期不提交的，该申请即被视为撤回。

④ 国务院专利行政部门对发明专利申请进行实质审查后，认为不符合本法规定的，应当通知申请人，要求其在指定的期限内陈述意见，或者对其申请进行修改；无正当理由逾期不答复的，该申请即被视为撤回。

⑤ 发明专利申请经申请人陈述意见或者进行修改后，国务院专利行政部门仍然认为不符合本法规定的，应当予以驳回。

⑥ 发明专利申请经实质审查没有发现驳回理由的，由国务院专利行政部门作出授予发明专利权的决定，发给申请人发明专利证书，同时予以登记和公告。发明专利权自公告之日起生效。

⑦ 国务院专利行政部门设立专利复审委员会。专利申请人对国务院专利行政部门驳回申请的决定不服的，可以自收到通知之日起三个月内，提出向专利复审委员会请求复审。专利复审委员会复审后，再作出决定，通知专利申请人。

专利申请人对专利复审委员会的复审决定不服的，可以自收到通知之日起三个月内向人民法院起诉。

— 知识点 3　商　标　法 —

商标权，是指商标所有人对其商标所享有的独占的、排他的权利。在我国由于商标权的取得实行注册原则，因此，商标权实际上是因商标所有人申请、经国家知识产权局商标局确认的专有权利，即因商标注册而产生的专有权。商标是用以区别商品和服务不同来源的商业性标志，由文字、图形、字母、数字、三维标志、颜色组合、声音或者上述要素的组合构成。

1. 我国商标法概述

我国制定并颁布的与商标权有关的法律法规有:《中华人民共和国商标法》《中华人民共和国商标法实施条例》《特殊标志管理条例》和《奥林匹克标志保护条例》等。

商标权相关法律法规中，对商标权的取得、商标权的内容、商标权的保护期限等都作了明确规定。

（1）商标权的取得

对商标权的取得，有两种方式：原始取得（《中华人民共和国商标法》第 3 条规定原始取得商标权的途径只能是注册商标，也就是说，必须通过向商标注册主管机关申请并获批准）和继受取得（转让或继承）。对商标权取得的条件，《中华人民共和国商标法》第 4、8、9、10、11、12、13、16、28、29、31、46 条都作了规定。

（2）商标权的内容

商标权的内容包括专用权、转让权、禁止权、许可权、标记权、续展权。商标权的保护期为 10 年，可续展注册。

（3）商标权的保护期限

2. 商标权的特征

（1）独占性。独占性又称专有性或垄断性，是指商标注册人对其注册商标享有独占使用权。赋予注册商标所有人独占使用权的基本目的，是为了通过注册建立特定商标与特定商品的固定联系，从而保证消费者能够避免混淆并能接受到准确无误的商品来源信息。换句话说，在商业中未经许可的所有使用，都将构成对商标专用权的侵害。这种专用权表现为三个方面：

① 商标注册人有权依据《中华人民共和国商标法》的相关规定，将其注册商标使用在其核准使用的商品、商品包装上或者服务、服务设施上，任何他人不得干涉。

② 商标注册人有权禁止任何其他人未经其许可擅自在同一种或类似商品上使用与其注册商标相同或者近似的商标。

③ 商标注册人有权许可他人使用自己的注册商标，也可以将自己的注册商标转让给他人，这种许可或转让要符合法律规定并履行一定的法律手续。

（2）时效性。时效性，指商标专用权的有效期限。在有效期限之内，商标专用权受法律保护，超过有效期限不进行续展手续，就不再受到法律的保护。各国的商标法，一般都规定了对商标专用权的保护期限，有的国家规定的长些，有的国家规定的短些，多则二十年，少则七年，大多数是十年。我国商标法规定的商标专用权的有效期为十年。《中华人民共和国商标法》第四十条规定："注册商标有效期满，需要继续使用的，商标注册人应当在期满前十二个月内按照规定办理续展手续；在此期间未能办理的，可以给予六个月的宽展期。每次续展注册的有效期为十年，自该商标上一届有效期满次日起计算。期满未办理续展手续的，注销其注册商标。"

（3）地域性。地域性指商标专用权的保护受地域范围的限制。注册商标专用权仅在商标注册国享受法律保护，非注册国没有保护的义务。在我国注册的商标要在其他国家获得商标专用权并受到法律保护，就必须分别在这些国家进行注册，或者通过《商标国际注册马德里协定》等国际知识产权条约在协定的成员国申请领土延伸。

（4）财产性。商标专用权是一种无形财产权。商标专用权的整体是智力成果，他凝聚了权利人的心血和劳动。智力成果不同于有形的物质财富，它虽然需要借助一定的载体表现，但载体本身并无太大的经济价值，体现巨大经济价值的只能是载体所蕴含的智力成果。比如“可口可乐”商标、“全聚德”商标等，其商标的载体：可乐、烤鸭等不是具有昂贵价值的东西，但其商标本身却具有极高的经济价值，“可口可乐”商标经评估，其价值达到七百多亿美元，而“全聚德”作为中国的民族品牌，其2022年的评估价值为163.11亿元人民币。通过商标价值评估，这些商标可以作为无形资产成为企业出资额的一部分。

（5）类别性。类别性，国家知识产权局商标局依照商标注册申请人提交的《商标注册申请书》中核定的类别和商品（服务）项目名称进行审查和核准。注册商标的保护范围仅限于所核准的类别和项目，以世界知识产权组织提供的《商标注册商品和服务国际分类》为基础，国家商标局制定的《类似商品和服务区分表》将商品和服务总共分为45个类别，在相同或近似的类别及商品（服务）项目中只允许一个商标权利人拥有相同或近似的商标，在不相同和近似的类别中允许不同权利人享有相同或近似的商标。

3. 商标权的取得

商标权的取得，是指根据什么原则和采取什么方法来获得商标权。

（1）商标权取得的原则

① 使用原则：使用原则，即使用取得商标权原则，是指商标权因商标的使用而自然产生，商标权根据商标使用事实而得以成立。

② 注册原则：注册原则，即注册取得商标权原则，是指商标权因注册事实而成立，只有注册商标才能取得商标权。

③ 混合原则：混合原则，即折衷原则，是指在确定商标权的成立时，兼顾使用与注册两种事实，商标权既可因注册而产生，也可因使用而成立。

（2）商标权取得的方式

① 原始取得与继受取得。商标权的原始取得，也称为商标权的直接取得，是指商标权由创设而来，其产生并非基于他人既存之商标权，也不以他的意志为根据。

② 商标权的继受取得，也称为商标权的传来取得，是指以他人既存的商标权及他人意志为基础而取得商标权。

实例分析 6-3

腾讯公司诉“今天油条”商标侵权案

2020年10月，中国知名互联网科技公司腾讯公司因商标侵权问题，将河南今日油条餐饮管理有限公司告上法庭。腾讯认为，“今天油条”在店面装潢、宣传海报、菜单等方面大量使用了与腾讯知名品牌“腾讯QQ”高度近似的标识，例如，“油条”二字采用与QQ企鹅形象类似的卡通人物，以及“今天油条”四个字的字体设计与腾讯商标极为相近，容易使公众产生混淆，侵犯了腾讯的商标权。

腾讯公司主张，其拥有的“QQ”“腾讯QQ”等系列商标在社会公众中具有极高知名度，而“今天油条”未经授权便擅自使用与其商标近似的标识，构成了《中华人民共和国商标法》所禁止的混淆性近似商标侵权行为。尽管该案件尚未公布最终判决结果，但已在社会上引发了广泛关注和热议，人们普遍关注小企业在商标使用的创新与大企业商标权保护之间的界限问题。此案提醒广大企业，商标的使用必须遵循法律规定，不能为了吸引眼球而随意模仿、使用他人已注册的知名品牌商标，以免触犯商标法，给自身带来不必要的法律风险。同时，此案也为社会各界提供了一个生动的实例，展示了如何运用商标权法来保护自身的知识产权，以及在遭遇商标侵权时如何通过法律途径维护合法权益，进一步提升了社会公众对商标权保护意识的认知程度。

思考：该案例给予我们怎样的启示？

技能训练

【训练说明】

尝试对自己的创造发明进行申请专利，通过法律来保护自己的创新成果。

【训练实施】

请根据调研目标完成调研计划，并填入表6-2。

表6-2 专利申请计划

工作要点	计划描述
(1)选择专利类型 ① 选择一个你认为有创新性和商业潜力的发明 ② 进行市场和技术调研，确保没有类似的已知技术或专利存在	

续表

工作要点	计划描述
(2)撰写专利申请 准备一份详细的专利申请文件,包括以下内容: ① 发明的描述,包括问题陈述、技术领域、背景和相关技术 ② 发明的技术解决方案,包括实施细节、实施步骤和优点 ③ 合适的图示来说明发明的结构和功能 ④ 在申请文件中使用清晰、精确和具体的语言,以确保发明的足够保护范围	
(3)文件提交 ① 将专利申请文件提交给所在国家或地区的专利局或知识产权办公室 ② 遵守所在国家或地区的相关规定和程序,并支付相应的申请费用 ③ 可以选择在多个国家或地区进行申请,根据需求选择适合的国家和地区	
(4)审查过程 ① 专利局将对申请进行审查,包括对发明的新颖性、创造性和实用性进行评估 ② 可能需要与专利局进行沟通,回答对发明的问题和提供进一步的证据 ③ 审查周期可能会长达数年,具体时间因国家或地区而异	
(5)专利授予 ① 如果专利局认为发明具有创新和实用性,并满足法律要求,将会授予专利权 ② 专利授予后,可以享受专利保护一定的期限,通常是发明专利为 20 年,实用新型和外观设计为 10 年	

步骤一:选择专利类型。

计划执行情况:____

____

____

自我评价:____

____

____

步骤二：撰写专利申请。

计划执行情况：____

____

____

自我评价：____

____

____

步骤三：创新成果评估方法的学习。

计划执行情况：____

____

____

自我评价：____

____

____

步骤四：文件提交。

计划执行情况：____

____

____

自我评价：____

____

____

步骤五：专利授予。

计划执行情况：____

____

____

自我评价：____

____

____

任务小结

① 知识产权是对人们在创造、研发和创新过程中所取得的各种智力成果的法定保护。它涵盖了广泛领域，包括科学发现、文学作品、艺术创作、技术发明、商标标识、工业设

计乃至商业秘密等，旨在保护这些人类智力劳动的成果不受非法侵犯。通过知识产权的保护，我们鼓励创新，促进知识的传播与应用，从而推动社会的进步与发展。

② 著作权是一项至关重要的法律权益，旨在保护那些凝聚了创作者智慧与心血的文学、艺术和科学作品。其保护范围广泛，涵盖了各类作品形式，包括但不限于文学作品如小说、诗歌、剧本等，音乐作品，美术领域的绘画、雕塑、摄影等作品，以及电影、软件程序、建筑设计等创意成果。这些作品都是创作者独特思想和艺术表达的体现，著作权为它们提供了法律上的保障，确保创作者的权益得到尊重和维护。

③ 商标的价值不仅仅体现在其象征意义上，更在于其为企业提供的法律保护。一个经过注册的商标，就像是企业的一把法律利剑，能够有效地防止他人在相似商品或服务上使用相近的标识。这种保护不仅稳固了企业在市场中的独特地位，也降低了因他人不当使用相似商标而引发的品牌混淆风险，进而维护了企业的市场竞争力，确保其市场份额不受侵害。

任务 3 防范创新风险

【新知预览】防范创新风险

任务目的

① 能够了解创新风险。

② 能够制定创新风险防范策略。

任务情境

大学生张新近期加入了一个跨学科的科研项目团队，负责开发一种新型的智能学习系统。在这个项目中，张新不仅要面对技术难题的挑战，还要时刻警惕创新过程中可能出现的风险。张新的导师和团队成员都深知，创新是一把双刃剑，它既能带来突破性的成果，也可能因为疏忽而导致项目的失败。因此，张新的任务就是在确保项目进度和成果的同时，有效地防范和应对创新过程中可能出现的风险。

知识储备

创新是现代社会不可或缺的推动力量，它带来了新的机遇和挑战。然而，创新过程中存在一定的风险，这些风险可能威胁到创新者的利益和创新项目的成功。因此，我们需要采取一系列的措施来防范创新风险。

— 知识点1 创新风险的特点 —

1. 不确定性

创新风险的不确定性是指在创新过程中所面临的各种不确定因素和风险。创新风险的不确定性是创新过程中必然存在的，创新者需要认识和应对不确定性，采取相应的风险管理措施，包括市场调研、技术验证、合作伙伴选择、资源配置等，以尽量降低风险并提高创新项目的成功率。

（1）技术不确定性。创新的核心是技术突破和创造，但在创新过程中，技术的成熟度和可行性往往存在较大的不确定性。技术的发展速度、效果和可靠性等方面的不确定性，可能导致创新项目的失败或成功。

（2）市场需求不确定性。在创新过程中，市场需求的不确定性是一个重要的风险因素。创新产品或服务的市场反应不确定，可能存在市场认可度低、需求量不足等问题，从而导致创新项目的失败。

（3）竞争不确定性。在创新过程中，竞争对手的行动和反应不确定，可能对创新项目的成功产生重要影响。竞争对手的技术、市场份额、资源等方面的优势，以及新的竞争者的出现，都可能对创新项目的发展带来不确定性。

（4）资金和资源不确定性。创新项目需要大量的投入，包括研发费用、市场推广费用、员工培训等方面的支出。然而，在创新过程中，资金和资源的获取和配置存在不确定性，可能出现资金不足、资源调配不合理等问题。

（5）法律和政策不确定性。创新项目的实施过程中需要遵守相关的法律和政策，包括知识产权保护、市场准入、环境保护等方面的规定。然而，法律和政策的变化和解释不确定，可能对创新项目的发展产生重要影响。

（6）组织和人力不确定性。创新项目需要组织和协调各个部门和团队的合作，需要有高素质的人员和领导。然而，人员的离职、组织结构调整、人力资源管理等方面的不确定性，可能对创新项目的实施造成不利影响。

2. 复杂性

创新风险的复杂性是创新过程中的一种常见现象。了解和应对创新风险的复杂性需要综合运用系统思维、风险管理方法和创新管理工具。创新者需要在面对复杂性的挑战时，注重跨学科合作、多维度分析和综合决策，最大限度地降低复杂性带来的风险。创新风险的复杂性指的是在创新过程中所面临的各种复杂因素和关联关系，包括以下几种。

（1）技术复杂性。创新项目通常涉及技术和科学领域的前沿知识和复杂技术。这些技术可能涉及多个学科领域的深度专业知识，以及复杂的实验室设备和工艺流程。因此，创新项目的技术复杂性会增加风险，包括技术可行性、技术可靠性和技术保护等方面的挑战。

（2）市场复杂性。市场是创新成功的关键因素之一，但市场本身也是一个复杂的系统。市场的复杂性包括市场规模、市场需求、市场竞争、市场动态等方面的因素。创新项目需要对市场进行准确的预测和分析，以满足市场需求，并与竞争对手进行竞争和协同。

（3）组织复杂性。创新项目通常需要跨部门合作和协调，涉及多个组织内部、组织间以及组织与外部利益相关者之间的复杂关系。组织复杂性包括组织结构、组织文化、组织决策和组织合作等方面的因素。管理和协调多个团队和利益相关者之间的关系，需要有效的组织架构和组织治理。

（4）不确定性的互动复杂性。创新风险经常与不同的不确定性因素相互作用，导致复杂的风险互动效应。技术不确定性、市场需求不确定性、竞争不确定性、法律不确定性等多个复杂因素之间的相互作用，会导致创新风险的复杂性增加。这意味着创新者必须同时考虑和管理多个相关因素，以减少不确定性对创新项目的负面影响。

（5）时间和迭代复杂性。创新过程涉及多个阶段和迭代循环，需要一步步推进，进行不断实验和验证。创新项目的复杂性在不同的时间点和不同的阶段可能有所不同，需要适应不同的情境和变化。同时，创新项目需要在有限的时间内进行创新和商业化，这也增加了时间管理和规划的复杂性。

3. 高投入

创新风险的高投入是创新过程中常见的风险之一。创新者需要在决策过程中认识到高投入的风险，制定合理的投资计划和风险管理策略。同时，寻找合作伙伴、进行市场调研、优化资源配置和关注资本运作等，可以帮助降低高投入的创新风险。创新风险的高投入指的是在创新过程中需要投入大量资源、资金和时间的风险。创新风险的高投入包括以下几方面。

（1）研发费用。创新项目通常需要进行大量的研发活动，包括技术研究、产品设计和实验验证等。这些活动需要耗费大量的人力、设备和材料资源，因此研发费用成为创新过程中的重要投入项。高投入的研发费用增加了风险，特别是在创新项目未能取得预期成果时，研发费用可能会成为巨大的负担。

（2）人力资源。创新项目需要具备高素质的人才和团队，例如科学家、工程师和专业人士等。这些人力资源通常需要经过长期的培训和教育，拥有丰富的专业知识和经验。因此，投入大量的人力资源是创新项目的重要成本。高投入的人力资源增加了风险，特别是在招募和保留优秀人才、团队合作和管理等方面的挑战。

（3）市场推广费用。创新项目的成功不仅依赖于技术和产品的创新性，还需要有效的市场推广和营销策略。市场推广费用包括市场调研、市场推广、广告宣传和销售渠道等方面的投入。创新项目需要投入大量的资金和资源来拓展市场份额和获取客户。高投入的市场推广费用增加了风险，特别是在市场需求和竞争激烈的情况下，市场推广费用可能会超出预期而导致损失。

（4）时间成本。创新项目通常需要较长的时间周期来投入和研发。在创新过程中，时间的成本随着时间的延长而增加。时间成本涉及项目开发周期、产品上市时间和市场反应等方面的因素。长时间的研发周期可能使创新项目的投资回报期延长，并增加因市场变化而导致的风险。

（5）资本投资。创新项目通常需要大量的资本投资，以支持研发、市场推广和生产等方面的费用。这些资本投资包括企业自有资金、风险投资、银行贷款和政府资金等。高投入的资本投资增加了创新项目的风险，特别是在资金紧缺和融资难度较大的情况下，可能导致创新项目的中断或失败。

— 知识点 2　创新风险的分类 —

创新风险可以分为多个不同的分类，常见的创新风险分类包括技术风险、市场风险、法律风险、财务风险和战略风险等。

1. 技术风险

技术风险在创新过程中具有重要的作用，并与其他创新风险相互关联。创新者需要通过技术评估、研发规划、团队组织和合作伙伴选择等手段来评估和管理技术风险。同时，构建技术创新能力、加强技术保护和监管、跟踪技术发展趋势等，可以帮助创新者应对技术风险的挑战。技术风险是创新过程中的一种常见风险，指的是在开发和应用新技术时所面临的各种不确定性和挑战。技术风险包括以下几方面。

（1）技术可行性。技术风险首先涉及技术的可行性，即创新项目所采用的新技术是否能够实现预期目标和效果。在创新过程中，可能会遇到技术上的难题和限制，如技术难度超出预期、技术实现效果不理想等。技术可行性方面的潜在风险需要通过充分的技术分析和试验验证来评估和管理。

（2）技术难度。创新涉及新技术或复杂技术的研发和应用，在技术难度方面存在挑战。技术难度包括技术复杂性、技术创新性和技术成熟度等因素。技术难度高增加了创新项巨的不确定性和失败风险，需要通过技术研发和团队协同等措施来应对。

（3）技术依赖性。创新项目的成功可能依赖于某项关键技术的成熟度和稳定性。如果所依赖的技术存在不确定性或不稳定性，例如供应链中的关键原材料、技术标准的变化等，都可能带来技术风险。技术依赖性方面的风险需要通过评估和管理供应链风险、保持技术更新和灵活性等策略来减轻。

（4）技术保护。创新项目可能面临技术被他人复制或窃取的风险，特别是知识产权保护方面的风险。技术保护涉及专利、商标、版权等知识产权的申请和保护，以及技术秘密和保密性的措施。技术保护方面的风险需要通过制定知识产权战略、完善保密机制和法律合规等举措来应对。

（5）技术可靠性。创新项目涉及新技术或非传统技术的应用，可能面临技术可靠性的挑战。技术可靠性包括产品性能的稳定性、可靠性和安全性等方面。技术可靠性的不确定性可能导致产品质量问题、用户安全隐患等，从而增加风险。技术可靠性方面的风险需要通过严格的技术测试和质量控制等措施来降低。

2. 市场风险

市场风险是创新过程中的一种重要风险类型，指的是创新项目在市场上遭遇的不确定性和潜在的损失。市场风险包括以下几方面。

（1）需求风险。创新项目的成功与否在很大程度上取决于市场需求的存在和规模。需求风险涉及市场对创新产品或服务的接受程度和购买意愿，包括市场规模、目标受众、消费者需求变化等因素。创新者需要进行市场调研和市场分析，了解市场需求的变化和趋势，以降低需求风险。

（2）竞争风险。市场上存在激烈的竞争，创新项目可能面临来自竞争对手的挑战。竞争风险包括竞争产品或服务的性能、价格、品牌影响力等方面的竞争优势。创新者需要通过技术创新、品牌营销等手段建立自身的竞争优势，并密切关注竞争对手的动向，及时调整市场策略。

（3）市场扩展风险。创新项目可能面临市场扩展的挑战，尤其是进入新市场或拓展现有市场。市场扩展风险包括了解新市场的规则和要求、适应新市场的文化差异、与合作伙伴建立关系等方面的挑战。创新者需要进行充分的市场调研和风险评估，制定适合的市场拓展战略，并善于与合作伙伴合作，减少市场扩展风险。

（4）价格风险。市场对产品或服务的价格敏感度可能会影响创新项目的盈利能力。价格风险包括市场定价能力、成本控制、市场价格波动等方面的风险。创新者需要根据市场需求和竞争对手的定价策略，制定合理的价格策略，并进行成本管理和利润预测，以降低价格风险。

（5）市场接受度风险。创新项目可能面临市场接受度的挑战，即市场对新产品或服务的接受程度和认可度。市场接受度风险涉及市场教育、品牌认知、用户体验等方面的风险。创新者需要进行市场宣传和品牌建设，提供良好的用户体验，增强市场对创新项目的接受度。

市场风险是创新项目中必须重视和管理的风险类型。创新者需要进行充分的市场调研和分析，了解市场需求和竞争情况，制定合适的市场策略，同时关注市场变化和用户反馈，及时调整项目方向和市场策略，降低市场风险。

3. 法律风险

法律风险在创新项目中是必须重视和管理的一种风险类型。创新者需要进行充分的法律调研和风险评估，制定合规性规范和管理制度，同时与法律专业人士合作，确保项目在合法、合规的框架内进行。此外，及时咨询法律顾问、购买商业保险等也是减轻法律风险的有效措施。法律风险是创新过程中的一种重要风险类型，指的是在创新项目中可能与法律法规、知识产权、合同约束等方面产生冲突。

（1）法律合规性。创新项目需要遵守国家和地区的法律法规，包括但不限于环境法规、劳动法规、消费者保护等。违反法律合规性可能导致诉讼、罚款、损害赔偿等风险。因此，创新者需要在创新过程中充分了解和遵守法律法规，确保项目的合法性和合规性。

（2）知识产权风险。知识产权是创新项目的核心资产，包括专利、商标、版权等。创新者需要保护自身的知识产权，并确保不侵犯他人的知识产权。知识产权风险涉及侵权诉讼、知识产权竞争等问题。创新者需要进行充分的知识产权调研和保护策略，包括申请专利、进行品牌注册、签订保密协议等，以降低知识产权风险。

（3）合同风险。创新项目常涉及众多的合作伙伴、供应商和客户，需要通过签订合同来规范各方的权益和责任。合同风险包括合同履行不力、合同纠纷等情况，可能导致经济损失和法律纠纷。创新者需要仔细审查和起草合同，明确各方的权益和责任，并通过风险管理和法律咨询等手段减少合同风险。

（4）公司治理和法律责任。创新者需要建立健全的公司治理机制，确保公司运营和决策的合法性和合规性。公司治理风险涉及违法违规行为、内部管理问题等，可能对创新项目和公司形象带来负面影响。创新者需要遵守公司治理规范，并制定有效的内部控制和合规管理措施。

（5）跨国运营风险。创新项目可能涉及不同国家和地区的法律制度和商业环境。跨国运营风险包括国际合同纠纷、贸易保护主义、知识产权侵权等问题。创新者需要充分了解和遵守各国的法律法规，同时采取风险管理策略，包括国际商业合作伙伴的选择、跨国法律咨询等。

4. 财务风险

财务风险是指创新过程中涉及资金管理和财务决策的风险。

（1）资金筹措风险。创新项目需要大量的资金来支持研发、市场推广和生产等各个环节。资金筹措风险包括寻找适合的投资者或合作伙伴、获得融资的难度、利率和还款条件等方面的风险。创新者需要制定详细的资金筹措计划，考虑不同的融资渠道和融资方式，并进行充分的资金管理，以降低资金筹措风险。

（2）预算控制风险。创新项目需要进行有效的预算控制，以确保资金的有效利用和项目的顺利进行。预算控制风险包括成本估算的准确性、支出的控制和预算超支等方面的风险。创新者需要建立有效的预算管理机制，进行详细的成本估算和预算规划，并及时监控和调整预算，以降低预算控制风险。

（3）盈利能力风险。创新项目的盈利能力是保证项目可持续发展的关键因素。盈利能力风险包括市场需求的不确定性、价格压力、成本增加等方面的风险。创新者需要进行市场调研和竞争分析，确定市场定位和定价策略，并进行成本控制和利润管理，以降低盈利能力风险。

（4）资金流动性风险。创新项目需要持续投入资金，但资金流动性可能受到外部环境的影响。资金流动性风险包括市场资金供应的不确定性、资金回收和流动性压力等方面的风险。创新者需要建立充分的资金储备和流动性管理机制，合理规划资金使用和回收的时间和方式，以减轻资金流动性风险。

（5）税务和法律合规风险。创新项目需要遵守相关的税务法律和合规要求，否则可能面临罚款和法律纠纷等风险。税务和法律合规风险包括税收政策的变化、合同和知识产权的保护等方面的风险。创新者需要与专业的税务和法律团队合作，遵守相关法律法规，并及时了解和适应法律政策的变化，降低税务和法律合规风险。

财务风险在创新过程中是不可避免的，创新者需要认识到这些风险的存在并采取相应的管理和控制措施。有效的资金管理、预算控制、盈利能力管理、资金流动性管理以及税务合规是降低财务风险的重要手段。同时，密切关注市场变化和监管政策，及时调整财务策略，以应对不断变化的财务风险。

5. 战略风险

战略风险是创新过程中涉及战略决策和战略执行的风险。

（1）市场定位风险。创新项目需要确定适合的市场定位，以满足市场需求和实现竞争优势。市场定位风险涉及目标市场的选择、定位战略的制定和执行等方面的风险。创新者需要充分了解目标市场的需求和竞争情况，进行市场调研和竞争分析，制定清晰的市场定位策略，并及时调整战略以适应市场变化，降低市场定位风险。

（2）技术选择风险。创新项目需要选择合适的技术路径和技术方案，以实现项目的目标和竞争优势。技术选择风险涉及技术成熟度、技术可行性、技术适应性等方面的风险。创新者需要进行充分的技术评估和风险分析，选择适合的技术路径，并进行技术规划和技术管理，以降低技术选择风险。

（3）合作伙伴选择风险。创新项目可能需要与其他企业、机构或个人合作，共同实现项目目标。合作伙伴选择风险包括合作伙伴的可靠性、合作能力和合作关系的稳定性等方面的风险。创新者需要进行充分的合作伙伴评估和风险评估，选择合适的合作伙伴，并建立稳定的合作关系，以降低合作伙伴选择风险。

（4）品牌和声誉风险。创新项目的成功与否与企业的品牌和声誉密切相关。品牌和声誉风险涉及产品品质、服务质量、诚信经营等方面的风险。创新者需要重视品牌建设和声誉管理，提供高质量的产品和服务，建立良好的企业形象和声誉，以降低品牌和声誉风险。

（5）竞争策略风险。创新项目可能面临来自竞争对手的挑战，需要制定有效的竞争策略来保持竞争优势。竞争策略风险包括竞争对手的反应、市场份额的争夺、品牌竞争等方面的风险。创新者需要进行竞争分析和竞争策略制定，选择适合的竞争策略，并灵活调整战略以适应竞争环境，降低竞争策略风险。

战略风险在创新过程中是不可避免的，创新者需要认识到这些风险的存在并采取相应的管理和控制措施。清晰的市场定位、合适的技术选择、可靠的合作伙伴、良好的品牌和声誉以及有效的竞争策略是降低战略风险的关键。同时，密切关注市场变化和竞争对手的动态，灵活调整战略，以应对不断变化的战略风险。

实例分析 6-4

小米科技公司的创新风险

小米科技公司是中国的一家知名科技企业，以研发和销售智能手机和其他消费电子产品而闻名。它在创新方面一直处于行业的前沿，并通过推出一系列具有创新功能和设计的产品，在市场上赢得了广泛的认可。然而，小米在创新过程中也面临着一些特定的风险。

小米在推出新产品时经常采用最新的技术和创新功能。这种技术风险意味着产品可能面临技术上的困难和挑战，如技术不稳定、开发周期延长等。例如，小米在推出首款折叠屏智能手机时，遇到了屏幕可靠性和折叠机制的技术问题。

创新产品的市场接受度是一个不确定因素。小米在推出一些新产品时，需要考虑市场是否对这些创新有需求和接受度。如果市场反应不佳，可能会导致销售不佳和资金回报不及预期。

创新产品通常会引起竞争对手的关注和模仿。小米在推出一些颠覆性的创新产品后，可能会面临来自其他公司的竞争压力，尤其是来自那些拥有更强大资源和品牌影响力的竞争对手。例如，小米在推出一款全面屏智能手机后，很快就面临了来自其他手机制造商的竞争。

创新产品的研发和生产过程通常需要大量的投入，包括研发成本、制造成本和市场推广成本等。如果这些成本无法得到有效控制，可能会导致利润率下降和资金紧张。例如，小米在推出一款高端创新产品时，需要投入大量的研发和市场推广费用，必须确保销售收入能够覆盖这些成本。

小米科技公司在创新过程中面临着各种特定的风险。虽然创新带来了巨大的机会，但同时也需要小米公司有效地应对这些风险，以确保创新能够为公司带来持续的竞争优势和商业成功。在面临这些风险时，小米可以通过加强研发能力、市场调研和品牌建设等措施来降低风险，并制定灵活的创新战略，以适应不断变化的市场需求。

思考：结合案例，分析小米具体存在哪些创新风险。

—— 知识点 3 创新风险的防范策略 ——

创新风险防范策略是指在创新过程中采取一系列措施和方法，以降低创新项目中各种风险的发生和影响，提高创新项目的成功率和效果。

1. 技术风险防范策略

创新项目开始之前，进行全面的技术评估和风险分析是非常重要的。通过评估技术的成熟度、可行性和适应性，以及分析可能存在的技术难题和风险，可以提前发现潜在问题并制定相应的对策。在技术开发阶段，需要制定详细的开发计划和测试方案，并进行系统的技术开发和测试过程管理。确保技术开发的质量和效率，及时发现和解决技术问题，减少技术风险的发展。为了减少技术风险，创新者应该主动进行知识产权的保护工作，包括申请专利、进行商标注册和保密协议的签署等。这样可以保护技术的独特性和竞争优势，并避免他人的侵权行为。在面对技术风险时，可以考虑与其他企业或研究机构进行技术合作。技术合作可以分享资源和知识，减轻技术开发的负担，并提高项目的成功率。但在选择合作伙伴时，需要进行充分的背景调查和风险评估，确保合作伙伴的专业能力和合作稳定性。

2. 市场风险防范策略

包括市场调研和需求分析、用户反馈和产品迭代、建立品牌和市场定位、合理定价和市场推广、与合作伙伴建立合作关系，以及增强灵活性和创新能力等方面的措施。通过采取这些策略，创新者可以降低市场风险的发生和影响，提高创新项目在市场上的成功率和竞争力。

3. 法律风险防范策略

法律风险是创新过程中的一种重要风险，主要涉及知识产权、合规性、合同纠纷、法律法规变化等方面的不确定性。法律风险防范策略涉及知识产权保护、合规性和法律法规遵守、风险评估和合同管理、法律咨询和法律合规团队、跟踪和应对法律法规变化，以及风险防范意识和培训等方面的措施。通过采取这些策略，创新者可以降低法律风险的发生和影响，保护自身的权益并合法经营创新项目。

4. 财务风险防范策略

财务风险是一种常见的风险类型。为了防范财务风险，可以采取资本管理、风险评估和控制、多元化资金来源、建立紧密的财务监控系统等策略。

在创新项目中，对资本的管理尤为重要。确保资金的充足性和有效使用，可以通过制定预算、监控成本、优化资金结构等方式来实现。同时，合理规划资金的使用时间和流动性，确保资金能够满足创新项目的需求。在创新项目开始之前，进行充分的风险评估，明确项目可能面临的财务风险并制定相应的应对策略。通过制定风险管理计划，监控和控制财务风险的发生和影响，及时采取措施降低风险。通过多元化的资金来源，可以减少财务风险的集中度。寻找不同的投资者、合作伙伴和金融机构，不仅可以分散财务风险，还可以提供更多的资源和支持。建立有效的财务监控系统，及时获取财务信息和指标。通过定期的财务报告、预警机制和内部控制，识别和解决财务风险。应该注意的是财务风险防范策略应根据具体情况进行制定和调整。不同创新项目的财务风险特点各异，因此需要综合考虑项目的实际情况和特点，制定相应的财务风险防范策略。

实例分析 6-5

保护知识产权

某科技公司是一家专注于研究和开发高科技产品的企业。该公司拥有多项核心技术和专利，这些知识产权是其商业竞争力的重要组成部分。然而，随着市场竞争的加剧，保护知识产权的需求变得尤为重要，以防止他人复制或侵权。为保障该科技公司的权益，制定了以下几项措施：

（1）风险评估和控制。对项目进行全面的风险评估，包括技术风险、市场风险和财务风险等。根据评估结果，制定相应的风险管理计划。在研发初期，建立一个专门的团队来监控和控制风险的发生。监控项目进展，及时发现和解决可能的各类风险问题。

（2）资金管理。制定详细的预算计划，包括研发费用、市场推广费用、生产成本等。合理规划资金使用时间和流动性，确保资金能够满足项目的需求。对资金的使用进行严格控制，确保资金的有效使用和防止浪费。建立审批机制，对项目支出进行严格审核和监控。

（3）多元化资金来源。积极寻求多元化的资金支持包括与风险投资机构、创业孵化器等机构合作，共同承担项目风险。寻找战略合作伙伴，共同参与项目研发和资金投入。通过合作，分担财务风险，并获得更多资源和支持。

（4）建立财务监控系统。建立一个完善的财务监控系统，及时获得项目的财务信息和指标。定期进行财务报告和分析，及时发现并解决潜在的财务风险。设立预警机制，对项目的财务指标进行监测和预测。一旦发现指标偏离预期，及时采取相应的调整措施，防范财务风险的发生。

（5）技术保护和知识产权。在项目开展之初就注重技术保护和知识产权的申请。确保项目具备合法的知识产权，避免技术被侵权或滥用。建立一个专门的知识产权管理团队，负责知识产权的保护和管理。及时对项目的核心技术进行申请和保护。

试分析：案例中采用了哪些风险防范策略？

技能训练

【训练说明】

以小组为单位，对AI电视盒市场推广制定相关的风险防范策略，对该产品的市场推广进行风险评估，识别潜在的风险点和影响。从而制定相应的创新风险防范计划，并提出具体的措施和解决方案，填入表6-3。

【训练实施】

表6-3　工作计划

工作要点	计划描述
项目分析	
风险评估	
措施和监控	
创新风险防范计划	

步骤一：项目分析。

[基础任务] 根据项目背景，对市场风险进行分析。

计划执行情况：

自我评价：

步骤二：风险评估。

计划执行情况：

自我评价：

步骤三：措施和监控。

计划执行情况：

自我评价：

步骤四：创新风险防范计划。

计划执行情况：

自我评价：

任务小结

① 创新风险：风险如同一条隐匿的暗流，贯穿于创新的每个阶段，从最初的研发探

索，到试验验证，再到推广实施以及最终的商业化落地，无一不伴随着不确定性和潜在挑战。这些风险可能源于技术的不确定性、市场的多变性、资金的匮乏或是团队的协作问题，它们犹如一道道难题，需要创新者逐一破解，才能顺利推进创新的进程。

② 创新风险防范策略的制定：我们必须首先深入识别和评估潜在的风险。针对每一个风险点，我们都需要制定具体、有针对性的防范措施。这一过程需要全面的风险分析和详尽的对策设计，同时明确各项责任与资源分配，确保风险防范策略能够得到有效执行。此外，建立高效的风险管理机制，并不断对其进行优化和改进，也是至关重要的。通过这些努力，我们能够最大限度地降低创新风险所带来的负面影响，从而显著提高创新项目的成功率。

参考文献

[1] 周苏，张效铭 . 创新思维与创新方法 [M]. 北京：中国铁道出版社 . 2019.
[2] 周苏，杨松贵 . 创新思维与 TRIZ 创新方法（创新工程师版）[M]. 北京：清华大学出版社 . 2023.
[3] 加斯曼，弗兰肯伯格，奇克 . 商业模式创新设计大全：90% 的成功企业都在用的 55 种商业模式 [M]. 北京：中国人民大学出版社 . 2017.
[4] 李怀强 . 互联网 + 创新创业 [M]. 北京：经济管理出版社 . 2018.

郑重声明

读者意见反馈

为收集对教材的意见建议，进一步完善教材编写并做好服务工作，读者可将对本教材的意见建议通过如下渠道反馈至我社。

咨询电话 400-810-0598

反馈邮箱 gjdzfwb@pub.hep.cn

通信地址 北京市朝阳区惠新东街 4 号富盛大厦 1 座

高等教育出版社总编辑办公室

邮政编码 100029

资源服务提示

授课教师如需获得本书配套教学资源，请登录“高等教育出版社产品检索信息系统”（https://xuanshu.hep.com.cn/）搜索本书并下载资源，首次使用本系统的用户，请先注册并进行教师资格认证。

联系我们

高教社高职就业创业教育研讨 QQ 群：1035265438